LAS CUATRO VERDADES NOBLES DE BUDA

Prefacio del Lama Zopa Rimpoché

Gueshe Tashi Tsering

Ediciones Amara. Ciutadella de Menorca

Título original: *The Four Noble Truths*
Publicado por cortesía de Wisdom Publications

Ediciones Amara. Ciutadella de Menorca

Publicado por vez primera en 2006
por Ediciones Amara
Segunda edición: 2012
Tercera edición: 2019

ISBN de la obra: 978-84-95094-46-9
Depósito Legal: ME. 312-2012

Sumario

El mensaje de Buda es universal. Todos estamos inmersos en una búsqueda constante de la felicidad pero, de alguna manera, no somos capaces de encontrarla porque la buscamos de manera equivocada. Sólo cuando comencemos a apreciar a los demás seres, la verdadera felicidad crecerá dentro de nosotros. Y, por tanto, la enseñanza fundamental del budismo es la compasión y la ética, combinadas con la sabiduría que conoce la naturaleza de la realidad. Las enseñanzas de Buda contienen todos los principios necesarios para eliminar el sufrimiento y hacer que la vida adquiera verdadero significado y, como tales, las enseñanzas no sólo son importantes para el mundo de hoy, sino que son verdaderamente esenciales.

Éste es el mensaje que mi precioso Maestro, Lama Thubten Yeshe, transmitió a sus estudiantes occidentales. Su capacidad para explicar el Dharma de una manera que resultase accesible y pertinente a todo el mundo permanece viva y crece cada día. Su organización, la Fundación para la Preservación de la Tradición Mahayana (FPMT) actualmente tiene centros en todo el mundo y la obra del Lama se sigue llevando a cabo a través del esfuerzo de muchos de sus estudiantes.

Los Fundamentos del Pensamiento Budista, elaborado por Gueshe Tashi Tsering es uno de los cursos principales del programa de educación integrado en la FPMT. Dentro de sus seis temas se puede encontrar la esencia del budismo tibetano. Los Fundamentos del Pensamiento Budista es una extraordinaria base para poder realizar un estudio más a fondo del budismo y, además, es una magnífica herramienta que nos permite transformar nuestra vida cotidiana.

Gueshe Tashi es Maestro residente en el Centro Budista Jamyang de Londres desde 1994. Su labor ha sido muy beneficiosa para guiar a los estudiantes allí y en muchos otros centros donde imparte sus enseñanzas. Además de su profundo conocimiento –es un Gueshe Lharampa, la cali-ficación educativa más elevada que existe dentro de nuestra tradición– su excelente dominio del inglés y su profundo conocimiento de sus estudiantes occidentales le permite explicar el Dharma de una manera que resulte accesible y relevante al mismo tiempo. Su sabiduría, compasión y buen humor se combinan con unas genuinas dotes para la enseñanza. Dentro de los seis libros de los que constan los Fundamentos del Pensamiento Budista encontrarás una combinación de conocimiento profundo y consejos sabios que pueden guiar tanto al practicante novato como al más experto en su sendero espiritual.

Tanto si lees este libro movido por la curiosidad como si lo haces como parte de tu viaje espiritual, espero de todo corazón que lo encuentres beneficioso y que te muestre un sendero que te abra tu corazón y desarrolle tu sabiduría.

Lama Zopa Rimpoché
Director espiritual
Fundación para la Preservación de la Tradición Mahayana

El monasterio budista tibetano en el que me formé, Sera, se encuentra en las afueras de la ciudad de Mysore, en el sur de la India. Lo construyeron los refugiados del Monasterio de Sera original (ubicado cerca de la capital del Tíbet) que escaparon después de la ocupación de la China comunista en 1959. El monasterio de Sera en el que yo entré en 1970 como monje cuando tenía trece años ahora es irreconocible: su pequeño racimo de edificios se ha ampliado hasta convertirse en un campus que no para de crecer. En aquella época, sólo se entregaba el correo una vez por semana y, algunas veces, sólo se hacía una vez cada dos semanas. Actualmente, los jóvenes monjes tienen ordenadores portátiles que les permiten intercambiar correos electrónicos siempre que lo deseen o, si lo prefieren, pueden visitar uno de los cuatro o cinco abarrotados cibercafés que hay en la zona.

Pero el monasterio no sólo ha cambiado desde el punto de vista físico. La manera de ver el mundo que tienen los monjes también es diferente. Cuando yo estudiaba filosofía budista, muy pocos monjes tenían la menor duda de la precisión de la cosmología que recogían los textos tradicionales del *Abhidharma*, que daban dimensiones precisas del universo; la inmensa mayoría de nosotros creíamos que la estructura y el origen del universo era exactamente tal y como lo explicaban los textos. Aunque algunos monjes más ancianos todavía toman los textos de manera literal, en la actualidad la mayoría de los monjes ha conocido el mundo exterior o, al menos, ha estudiado algunos documentos científicos. Pero, independientemente de si su entendimiento de la ciencia moderna es el adecuado o no, ya no aceptan literalmente la explicación que el *Abhidharma* hace del universo.

Los cambios tan radicales que se han producido en un pequeño monasterio budista de la India en un periodo de tiempo tan breve son un reflejo de los cambios que se han producido en el resto del mundo. Los enormes avances tecnológicos, económicos y científicos han transformado tanto a la humanidad como al planeta en el que vivimos. En muchos casos, los cambios han sido positivos, pero en otros han sido terriblemente negativos e, incluso, enormemente destructivos.

Y aunque los avances tecnológicos han solucionado muchas de las dificultades superficiales a las que se enfrentó la humanidad, los problemas humanos fundamentales todavía permanecen tal y como siempre han existido. Tanto en los países ricos como en los que se encuentran en vías de desarrollo, encontramos las mismas dificultades humanas básicas –insatisfacción y falta de armonía, pobreza o prejuicio– y vemos que, como siempre, estos problemas han sido creados principalmente por los propios seres humanos.

En este mundo que ha cambiado de manera tan radical pero que todavía padece los mismos problemas fundamentales de siempre, creo que se pueden sacar enormes beneficios de la revisión de la vieja sabiduría. Por esta razón, elegí escribir esta serie de libros.

Las personas que ahora sienten interés por el estudio y la práctica del budismo viven en el siglo XXI, en medio de todo este desarrollo tecnológico y económico. Sus momentos de ocio, su estilo de vida y sus compromisos son totalmente distintos a los de la norma habitual e, incluso, a los que existían hace cincuenta o sesenta años. Por tanto, creo que el material de estudio y los textos budistas deben tener en cuenta el estilo de vida de la sociedad moderna.

Además, gracias a la facilidad que existe hoy en día para viajar, muchos occidentales han recibido enseñanzas en Asia o han oído hablar a Maestros asiáticos en Occidente. Muchos estudiantes del budismo han llevado a cabo su formación de manera gradual, dependiendo de las enseñanzas que estuvieran a su disposición. Muchas personas han oído hablar de varios temas, pero nunca han recibido una sólida visión de conjunto que partiera de una enseñanza budista fundamental, como las Cuatro Nobles Verdades, y han progresado sistemáticamente hacia las enseñanzas más profundas, como las del tantra yoga más elevado. Por tanto, me gustaría proporcionar a esas personas un programa perfectamente estructurado.

Y quería hacer que fuera lo más accesible y trascendente posible. En la actualidad, se pueden encontrar muchos más libros sobre el budismo que hace diez o quince años, pero la mayoría de ellos son traducciones de grandes textos y, por tanto, tienen un estilo muy tradicional, o bien están escritos por expertos occidentales y, por tanto, son demasiado académicos y densos. Estos dos tipos de libros pueden beneficiar a los lectores, pero muchas veces no son demasiado accesibles. Durante mucho tiempo he pensado que hay una verdadera necesidad de que las enseñanzas budistas se expliquen con cierto detalle, pero utilizando un lenguaje sencillo, sin recurrir a la jerga budista. Sin ninguna duda, las enseñanzas del budismo son muy importantes, pero la manera en la que se presentan es muy importante para que el lector pueda verdaderamente asimilarlas en su vida cotidiana. Tengo la esperanza de que esta serie de libros proporcione una lectura sencilla, sin que por ello pierda profundidad y estructura, que permita a los lectores leerlos y estudiarlos durante un año o dos y aplicar esas maravillosas enseñanzas a su vida de una manera que resulte verdaderamente significativa. Ése ha sido mi objetivo cuando escribí la serie sobre Los Fundamentos del Pensamiento Budista.

He elegido seis temas con la esperanza de que puedan suponer una completa visión general del pensamiento budista. Las Cuatro Nobles Verdades, la primera enseñanza que impartió Buda después de que alcanzara la Iluminación, es un punto de partida lógico. Su Santidad el Dalai Lama, que ha impartido enseñanzas de las Cuatro Nobles Verdades en multitud de ocasiones, afirma que son la esencia de toda la enseñanza y la práctica del budismo. Dentro de ellas se encierran las raíces de la filosofía budista y de todo el sendero que conduce a la Iluminación. Cualquier cosa que estudiemos después de ver las Cuatro Nobles Verdades se remitirá a esta trascendental enseñanza y, a su vez, esta enseñanza se revelará en todas las demás cosas que estudiemos.

Si las Cuatro Nobles Verdades son una explicación de la condición humana, los dos libros siguientes, *La verdad relativa, la verdad última* y *Psicología budista*, tratan de las teorías budistas de la realidad, tanto la externa como la interna. A continuación, basándose en ellas, los tres volúmenes siguientes se ocupan de lo que significa ser un practicante budista Mahayana. El volumen 4 se ocupa de la elevada mente altruista llamada la mente de la Iluminación (bodhichita). El volumen 5 trata sobre la sabiduría que conoce que todas las cosas son interdependientes y carecen de naturaleza intrínseca. El volumen final explica cómo se llevan a cabo las prácticas tántricas.

Estos libros evolucionaron a raíz de los cursos bianuales que llevo impartiendo en Gran Bretaña, Francia y España desde 1997, así como del curso por correspondencia que surgió de los cursos del campus. Si estos libros te resultan beneficiosos, deberías plantearte la posibilidad de apuntarte al curso por correspondencia de Los Fundamentos del Pensamiento Budista, donde explorarás estos temas con mayor profundidad y bajo la supervisión de una serie de tutores cualificados.

Si examinamos nuestra vida, no será difícil ver cómo continuamente estamos buscando una forma de felicidad y tratamos de evitar los escollos y las insatisfacciones que parecer asolar nuestra existencia. Y esto es tan cierto para los que vivimos en este mundo moderno y tecnológico como lo fue para las personas que vivían en la época de Buda. Y ahora, al igual que entonces, seguimos equivocándonos continuamente. Todo lo que Buda nos enseñó fue a apartarnos del sufrimiento que con tanta ignorancia nos infligimos a nosotros mismos y a tratar de encontrar una felicidad profunda y duradera. No es un problema de trascendencia, sino de accesibilidad. Espero que esta serie de libros te permitan entrar en el mundo de las grandes tradiciones filosóficas.

Gueshe Tashi Tsering

Las Cuatro Verdades Nobles es el producto final de un proceso largo y dinámico, es una versión modificada del libro de texto escrito por Gueshe Tashi Tsering para el primer módulo de su programa de estudios, Los Fundamentos del Pensamiento Budista.

En 1994, cuando Gueshe Tashi asumió el cargo de profesor residente en el Centro Budista Jamyang de Londres, advirtió que el aprendizaje pasivo basado en un texto, que normalmente está asociado al budismo tibetano que se imparte en los centros de Dharma de Occidente, muchas veces no conecta de manera adecuada con la materia de estudio. Por tanto, incorporando métodos pedagógicos occidentales, diseñó un curso bianual de seis módulos con la idea de poder aportar una sólida visión general del pensamiento budista.

Las fuentes para publicar esta serie en Wisdom Publications, de la cual éste es el primer volumen, son las transcripciones de las enseñanzas de Gueshe Tashi extraídas de los dos primeros cursos en Londres. Gueshe Tashi convirtió estos textos en el material que ahora tienes en tus manos. Gran parte de la literatura filosófica tibetana deriva de enseñanzas impartidas de manera oral y, en cierto sentido, eso mismo sucede con cada uno de los libros de esta serie, pero también creo que estos textos superan ese nivel. Gueshe Tashi, que es un profundo conocedor de la ciencia y filosofía occidental y que posee un buen dominio del inglés, es en gran medida el autor —en el sentido más amplio de la palabra— de estos libros.

Cuando lo conocí en 1992, Gueshe-la se encontraba en el Monasterio Nalanda del sur de Francia, estudiando tanto el idioma inglés como la mentalidad occidental. Mi respeto por la diligencia y el entusiasmo con el que trabajaba no ha hecho más que aumentar con el paso de los años. Sin embargo, en aquel momento, no tenía la menor idea de la profundidad de su conocimiento.

Nacido en 1958, en Purana, Tibet, Gueshe Tashi huyó a la India con sus padres un año más tarde. A los trece años entró en la Universidad Monástica de Sera Mey y pasó los siguientes dieciséis años trabajando para obtener su título de Gueshe, graduándose como Gueshe Lharampa, el nivel más elevado posible. Es compañero de estudios de otro notable Gueshe que también es muy importante para el budismo en Occidente, Gueshe Thupten Jinpa, traductor principal al inglés de su Santidad el Dalai Lama.

Después de pasar un año en el Highest Tantric College (Gyuto), Gueshe-la comenzó su carrera docente en el Monasterio de Kopan, en Katmandú, el principal monasterio de la Fundación para la Preservación de la Tradición Mahayana (FPMT). A continuación, Gueshe Tashi, se trasladó al Gand-hi Foundation College en Nagpur y fue en esa época cuando el Director Espiritual de la FPMT, el Lama Thubten Zopa Rimpoché, le pidió que enseñara en Occidente. Después de pasar dos años en el Monasterio Nalanda de Francia, en 1994 Gueshe Tashi se convirtió en profesor residente del Centro Budista Jamyang de Londres.

Su primer año en Jamyang marcó el tono de toda su carrera. Cuando el centro se trasladó a un palacio de justicia en ruinas en 1996, Gueshe Tashi trabajó junto a una serie de voluntarios —rascando paredes, retirando los escombros— lle-gando incluso a verle vestido con un mono y botas de goma, desatascando todas las tuberías que estaban bloqueadas. Desde entonces, ha sido una parte importante de la comu-nidad Jamyang.

Y es este sentido de ligereza occidental combinada con su profundo conocimiento de la filosofía budista lo que ha marcado su enseñanza. Gueshe Tashi no sólo nos comprende, sino que también, en muchos sentidos, es uno más de nosotros y, por tanto, puede ofrecernos su sabiduría oriental aplicando un método occidental, un método con el que nos sintamos cómodos y que también sea completamente adecuado para nuestra vida. Se dice que la escuela Guelug es la más escolástica de las cuatro tradiciones del budismo tibetano y si algún día tienes la fortuna de mantener un debate con Gueshe-la, sin duda podrás percibir toda la agudeza que posee su intelecto. Sin embargo, siempre da mucha importancia a la experiencia: según Gueshe Tashi, si el intelecto se aferra al academicismo, no tiene ningún valor. Se puede encontrar confort en el puro escolasticismo, mientras el corazón permanece insensible, pero éste es un confort que él nunca nos permite alcanzar.

Al igual que sucede con los demás libros que forman esta serie, muchas personas han participado en su desarrollo. Me gustaría agradecer particularmente a Bhikku Bodhi que nos haya permitido utilizar su traducción del sutra, que es la esencia de este libro.

También me gustaría ofrecer mi más caluroso agradecimiento a Lama Zopa Rimpoché, el director de la FPMT y a la inspiración de los programas del grupo de estudio a los que pertenecen los Fundamentos del Pensamiento Budista. Rimpoché es la fuente de la que fluye todo lo demás.

Hay muchas más personas que han participado en el curso y en los libros que me resulta imposible poder nombrar, pero a las que me gustaría dar las gracias con la mayor sinceridad: aquellas personas que ayudaron a diseñar el curso; a los co-piadores, a los lectores y a los diseñadores de los libros; y a los tutores del curso entre otros. Y, por supuesto, a Gueshe Tashi, que es una increíble inspiración para todos.

Ha sido un verdadero placer editar las palabras de Gueshe Tashi. Mi limitado conocimiento ha hecho, sin ninguna duda, que sus ideas se hayan difuminado y distorsionado en algunos momentos y por esa razón ofrezco mi más sinceras disculpas. Tengo la esperanza de que el lector adquiera la mis-ma inspiración y conocimiento de este libro que el que han adquirido cientos de estudiantes que ya han tenido la fortuna de estudiar los Fundamentos del Pensamiento Budista.

Gordon McDougall

EL SUTRA
DE LAS CUATRO NOBLES VERDADES

Hace más de 2.500 años, el personaje histórico Buda, Sakyamuni, se convirtió en un ser Iluminado. Después de entregarse a una vida de lujo como príncipe Sidharta y de soportar seis años como asceta, sufriendo la privación voluntaria en su búsqueda de la verdad, se dio cuenta de que no iba a encontrarla en ninguno de los dos extremos. Sólo entonces, sentado bajo el árbol *bodhi* junto al río Neranjara, pudo vencer al último de sus demonios interiores y encontrar la verdad de su existencia, alcanzando finalmente la cesación de su sufrimiento humano. Se convirtió en Buda, el Ser Despierto.

Al principio permaneció en silencio, pero entonces, cuarenta y nueve días después, viajó desde Bodhgaya a Sarnath, una pequeña ciudad próxima a la ciudad sagrada de Benarés, en el centro de la India. Allí se encontró con sus cinco antiguos compañeros, los ascetas con los que había compartido seis años de privaciones. Al principio, éstos se mostraron recelosos, pensando que Buda había renunciado a la búsqueda de la verdad pero, después de ver su resplandor, le rogaron que les impartiera sus enseñanzas. Acto seguido, Buda les explicó las Cuatro Nobles Verdades y son esas cuatro verdades las que comprenden el sutra que aparece más abajo y el tema central de este libro.

Sólo después del fallecimiento de Buda, sus discípulos, que en ese momento ya formaban un número extenso, trataron entre todos de preservar sus preciosas enseñanzas. Los sutras que ahora tenemos en el corpus budista proceden de verdaderos discursos pronunciados por Buda que fueron memorizados por sus discípulos y transmitidos oralmente de generación en generación. Sólo siglos más tarde fueron recogidos por escrito, conservando gran parte de la convención de la tradición oral. La repetición de frases e, incluso, de párrafos tiene como intención facilitar su memorización, y todo el estilo fue diseñado para facilitar la recitación ritual. Como tales, los sutras pueden resultar difíciles de leer, pero su contenido, las palabras que pronunció Buda, son una guía infalible para escapar del sufrimiento en el que actualmente estamos inmersos.

El siguiente sutra —uno de los más famosos— contiene la primera enseñanza que impartió Buda, la *Puesta en Movimiento de la Rueda del Dharma*. También se llama el *Primer Giro de la Rueda del Dharma* o, más sencillo, el sutra *de las Cuatro Nobles Verdades*, ya que las Cuatro Nobles Verdades comprenden su esencia.

Esto es lo que he oído.

En una ocasión el Bendecido estaba residiendo cerca de Benarés, en Isipatana, en el Parque de los Ciervos. Allí el Bendecido se dirigió al grupo de los cinco monjes:

"Estos dos extremos, oh monjes, no deberían ser seguidos por un renunciante. ¿Cuáles son éstos dos? La búsqueda de la felicidad de los placeres sensuales, que es bajo, vulgar, el sendero mundano, innoble y sin beneficio; y la búsqueda de la mortificación, que es doloroso, innoble y sin beneficio. No siguiendo estos dos extremos el Tathagata ha despertado al camino medio que genera la visión, que genera el conocimiento, que conduce a la paz, que conduce al conocimiento directo, que conduce a la Iluminación y que conduce al Nibbana. ¿Cuál, oh monjes, es el camino medio que el Tathagata ha despertado que genera la visión, que genera el conocimiento, que conduce a la paz, que conduce al conocimiento directo, que conduce a la Iluminación y que conduce al Nibbana? Es este Noble Óctuplo Sendero; es decir, Recto Entendimiento, Recta Intención, Recto Lenguaje, Recta Acción, Rectos Medios de Vida, Recto Esfuerzo, Recta Atención y Recta Concentración. Éste, oh monjes, es el camino medio que el Tathagata ha despertado que genera la visión, que genera el conocimiento, que conduce a la paz, que conduce al conocimiento directo, que conduce a la Iluminación y que conduce al Nirbbana.

"Ésta, oh monjes, es la Noble Verdad del Sufrimiento. El nacimiento es sufrimiento, la vejez es sufrimiento, la enfer-medad es sufrimiento, la muerte es sufrimiento, asociarse con lo indeseable es sufrimiento, separarse de lo deseable es sufrimiento, no obtener lo que se desea es sufrimiento. En resumen, los cinco agregados sujetos al aferramiento son sufrimiento.

"Ésta, oh monjes, es la Noble Verdad del Origen del Sufrimiento. Es el ansia que produce nuevas existencias, acompañado por el placer y la lujuria buscando siempre nuevos deleites, ahora aquí, ahora allí. Es decir, el ansia por los placeres sensuales, el ansia por la existencia y el ansia por la no existencia.

"Ésta, oh monjes, es la Noble Verdad de la Cesación del Sufrimiento. Es la total extinción y cesación sin residuos de dicha ansia, su abandono, su descarte, liberarse de ella, no depender de ella.

"Ésta, oh monjes, es la Noble Verdad del Sendero que conduce a la Cesación del Sufrimiento. Es este Noble Óctuplo Sendero; es decir, Recto Entendimiento, Recta Inten-ción, Recto Lenguaje, Recta Acción, Rectos Medios de Vida, Recto Esfuerzo, Recta Atención y Recta Concentración.

"Ésta es la Noble Verdad del Sufrimiento. Así, oh monjes, con relación a cosas desconocidas anteriormente, surgió en mí la visión, surgió el conocimiento, surgió la sabiduría, surgió el verdadero conocimiento y surgió la luz.

"Esta Noble Verdad del Sufrimiento debe ser plenamente comprendida. Así, oh monjes, con relación a cosas desconocidas anteriormente, surgió en mí la visión, surgió el conocimiento, surgió la sabiduría, surgió el verdadero conocimiento y surgió la luz.

"Esta Noble Verdad del Sufrimiento ha sido plenamente comprendida. Así, oh monjes, con relación a cosas desconocidas anteriormente, surgió en mí la visión, surgió el conocimiento, surgió la sabiduría, surgió el verdadero conocimiento y surgió la luz.

"Ésta es la Noble Verdad del Origen del Sufrimiento. Así, oh monjes, con relación a cosas desconocidas anteriormente, surgió en mí la visión, surgió el conocimiento, surgió la sabiduría, surgió el verdadero conocimiento y surgió la luz.

"Esta Noble Verdad del Origen del Sufrimiento debe ser erradicada. Así, oh monjes, con relación a cosas desconocidas anteriormente, surgió en mí la visión, surgió el conocimiento, surgió la sabiduría, surgió el verdadero conocimiento y surgió la luz.

"Esta Noble Verdad del Origen del Sufrimiento ha sido erradicada. Así, oh monjes, con relación a cosas desconocidas anteriormente, surgió en mí la visión, surgió el conocimiento, surgió la sabiduría, surgió el verdadero conocimiento y surgió la luz.

"Ésta es la Noble Verdad de la Cesación del Sufrimiento. Así, oh monjes, con relación a cosas desconocidas anteriormente, surgió en mí la visión, surgió el conocimiento, surgió la sabiduría, surgió el verdadero conocimiento y surgió la luz.

"Esta Noble Verdad de la Cesación del Sufrimiento debe ser realizada. Así, oh monjes, con relación a cosas desconocidas anteriormente, surgió en mí la visión, surgió el conocimiento, surgió la sabiduría, surgió el verdadero conocimiento y surgió la luz.

"Esta Noble Verdad de la Cesación del Sufrimiento ha sido realizada. Así, oh monjes, con relación a cosas desconocidas anteriormente, surgió en mí la visión, surgió el conocimiento, surgió la sabiduría, surgió el verdadero conocimiento y surgió la luz.

"Ésta es la Noble Verdad del Sendero que conduce a la Cesación del Sufrimiento. Así, oh monjes, con relación a cosas desconocidas anteriormente, surgió en mí la visión, surgió el conocimiento, surgió la sabiduría, surgió el verdadero conocimiento y surgió la luz.

"Esta Noble Verdad del Sendero que conduce a la Cesación del Sufrimiento debe ser desarrollada. Así, oh monjes, con relación a cosas desconocidas anteriormente, surgió surgió en mí la visión, el conocimiento, surgió la sabiduría, surgió el verdadero conocimiento y surgió la luz.

"Esta Noble Verdad del Sendero que conduce a la Cesación del Sufrimiento ha sido desarrollada. Así, oh monjes, con relación a cosas desconocidas anteriormente, surgió en mí la visión, surgió el conocimiento, surgió la sabiduría, surgió el verdadero conocimiento y surgió la luz.

"Mientras, oh monjes, el conocimiento y la visión con respecto a estas Cuatro Nobles Verdades tal y como son según sus tres fases y doce aspectos no fueron totalmente purificadas de este modo, no proclamé al mundo con sus divinidades, Maras y Brahmas, a la humanidad con sus ascéticos, brahmanes y hombres, que había despertado correctamente a la incomparable Iluminación. Pero, cuando, oh monjes, el conocimiento y la visión con respecto a estas Cuatro Nobles Verdades tal y como son según sus tres fases y doce aspectos fueron totalmente purificadas de este modo, entonces proclamé al mundo con sus divinidades, Maras y Brahmas, a la humanidad con sus ascéticos, brahmanes y hombres, que había despertado correctamente a la incomparable Iluminación. Y surgió en mí el conocimiento y la visión: 'Irreversible es la Liberación de mi mente. Éste es mi último nacimiento. No hay nueva existencia.'

Esto dijo el Bendecido[1].

1 PUESTA EN MOVIMIENTO DE LA RUEDA DEL DHARMA

LAS CUATRO VERDADES

He sido budista toda mi vida. Mi infancia, mi educación monástica y ahora mi trabajo se han encaminado hacia las enseñanzas de Buda. Si bien he cuestionado muchos puntos de vista filosóficos durante mi formación —el debate es un elemento importante dentro de la educación del budismo tibetano— nunca he cuestionado el mensaje esencial de Buda ni me he planteado si todavía sigue siendo importante.

Desde mi llegada a Occidente y desde que comencé a enseñar a estudiantes que exigían explicaciones lógicas sobre las que apoyar los conceptos budistas más básicos, he tenido que volver a evaluar mis propias creencias esenciales. Pero cuanto más veo que los estudiantes occidentales integran los principios y la práctica del budismo a sus vidas, mejor comprendo la dimensión universal del mensaje de Buda. Aunque, con toda seguridad, en este libro te encontrarás con muchos términos y conceptos extraños, todo lo que enseñó Buda tiene el poder de ir directo al corazón. Mi trabajo consiste en asegurarme de que lo que lees es valioso e inteligible para así poder apreciar completamente su trascendencia.

El Sutra de las Cuatro Nobles Verdades es la primera y más importantes de las enseñanzas de Buda. Este sutra contiene la estructura de todos los discursos que impartió durante sus cuarenta años de enseñanza. Si el lenguaje y el estilo dificultan el claro entendimiento de su significado, entonces espero que, en el momento en el que hayas finalizado de leer este libro, habrás captado mucho mejor el contenido de este sutra tan importante.

En los monasterios tibetanos, al igual que en muchas tradiciones del budismo Mahayana, los sutras (los discursos de Buda) y las sastras (los comentarios canónicos) que se estudian proceden del corpus escrito en sánscrito. Sin embargo, en este caso, estamos utilizando el sutra traducido del idioma pali. Aunque difiere ligeramente del sánscrito en cuanto a su estilo y a su estructura, las diferencias son pequeñas y ésta es la versión más conocida en Occidente. Las Cuatro Nobles Verdades son:

1. La noble verdad del sufrimiento.
2. La noble verdad del origen del sufrimiento.
3. La noble verdad de la cesación del sufrimiento y del origen del sufrimiento.
4. La noble verdad del sendero que conduce a la cesación del sufrimiento y su origen.

Las primeras dos nobles verdades, las nobles verdades del sufrimiento y del origen del sufrimiento, reflejan la naturaleza de nuestra vida presente y funcionan continuamente dentro de cada uno de nosotros. La verdad de la cesación y la verdad del sendero que conduce a la cesación son los métodos empleados para eliminar el sufrimiento y su origen. Necesitamos cultivarlas dentro de nuestro propio ser para poder superar nuestros problemas. Por esa razón, estas cuatro nobles verdades no sólo nos muestran en su totalidad la naturaleza de nuestra vida presente, sino también la posibilidad de ir más allá de sus límites hasta alcanzar una existencia libre de todo sufrimiento y de su origen.

La primera noble verdad, la noble verdad del sufrimiento (*dukkha* en pali), se refiere al dolor, a la angustia, a la ansiedad y la insatisfacción que existe física y, especialmente, mental dentro de nosotros. Después de enseñar la primera noble verdad, a continuación Buda explica que la causa del sufrimiento –la segunda noble verdad– es el ansia, el deseo y el apego. Con la tercera noble verdad, Buda enseña que hay un medio a través del cual el sufrimiento se puede erradicar para siempre, y a través de la cuarta noble verdad demuestra la manera de conseguirlo. El sendero que presenta Buda para permitirnos alcanzar esta erradicación del sufrimiento se llama el *noble óctuplo sendero*, del que hablaremos en el capítulo 5. Dentro de las cuatro verdades encontramos dos series distintas de causa y efecto. El sufrimiento es un efecto y el origen del sufrimiento es su causa. De igual modo, la verdad de la cesación, o la paz, es un efecto, y el sendero que conduce a la cesación es la causa.

Las Cuatro Nobles Verdades presentan el proyecto para todo el cuerpo del pensamiento y la práctica de Buda y son el armazón sobre el que se asienta el sendero que conduce al individuo a la Iluminación. Estas verdades encierran toda la filosofía budista. Por tanto, estudiar, meditar y comprender plenamente esta enseñanza es muy importante, porque sin un entendimiento de las Cuatro Nobles Verdades es imposible integrar plenamente los conceptos y las prácticas del budismo en nuestra vida diaria.

Todos tenemos un deseo instintivo de alcanzar la felicidad y evitar el sufrimiento. Este sentimiento no surge a raíz de la formación, de la educación o de la cultura, sino que es algo innato. La enseñanza de las Cuatro Nobles Verdades presenta un medio eficaz de alcanzar este fin. El sufrimiento que queremos superar no procede de la nada. Emana de sus propias causas y condiciones particulares. En sus enseñanzas, Buda detalla el sufrimiento que experimentamos en nuestra vida diaria, desde las formas toscas de sufrimiento a las formas más sutiles de las cuales ni siquiera tenemos un conocimiento consciente. También explica las causas de ese sufrimiento con igual precisión.

Del mismo modo, la felicidad que todos deseamos alcanzar no procede de la nada, sino que surge de sus propias causas y condiciones. La felicidad, en este caso, no tiene nada que ver con los placeres temporales de los sentidos, sino que se refiere a estados de felicidad superiores: la felicidad que permanece inalterable a pesar de los cambios que experimentan las circunstancias externas. Aunque la cesación del sufrimiento no es en sí un sentimiento, alcanzar ese tipo de cesación a través del sendero correcto es la forma más elevada de felicidad. En esta enseñanza se explica con total claridad la naturaleza del sendero que conducirá al cumplimiento de nuestra aspiración más básica de superar el sufrimiento y alcanzar la felicidad.

Las dos principales tradiciones budistas, Theravada y Mahayana, utilizan una serie de escrituras distintas. La tradición Thevarada es una tradición más antigua cuyas enseñanzas están registradas en los textos escritos en pali, mientras que la tradición Mahayana se basa en los textos en sánscrito que fueron escritos más tarde. Los países que siguen estrechamente la tradición Theravada hacen hincapié en la lectura, la recitación y el aprendizaje de los verdaderos discursos de Buda. En los monasterios tibetanos, que siguen la tradición Mahayana, estudiamos en muchas ocasiones las Cuatro Nobles Verdades durante el curso de nuestra formación, pero normalmente no estudiamos el sutra en sí. Habitualmente estudiamos este tema junto a las enseñanzas que ponen énfasis en la aspiración del bodhisatva de conseguir la Iluminación para beneficio de todos los seres. Por ejemplo, uno de los textos más importantes que estudiamos en el monasterio es el *Ornamento de la comprensión clara* (*Abhisamayalamkara*) de Maitreya y el tema principal de ese texto es la manera en la que los bodhisatvas prepararan su mente en el sendero. Las Cuatro Nobles Verdades son un tema clave para ilustrar esta preparación. De igual modo, en el Mahayana, el noble óctuplo sendero sólo se enseña implícitamente dentro de las enseñanzas de la conducta del bodhisatva, en lugar de mostrarlo explícitamente.

En los monasterios tibetanos, el estudio de las Cuatro Nobles Verdades se combina con el examen de lo que llamamos las dieciséis características de las Cuatro Nobles Verdades. Cada noble verdad se explica, se estudia y se medita concentrándose en cuatro características definitorias. Por ejemplo, la primera noble verdad, la noble verdad del sufrimiento, se estudia analizando sus cuatro características de impermanencia, sufrimiento, ausencia de autoexistencia y vacuidad.

Aunque el sutra es la fuente principal de todo esto, en el sistema tibetano el foco principal de nuestro estudio sobre las Cuatro Nobles Verdades son los comentarios, que incluyen extensas y elaboradas explicaciones sobre cada una de las verdades.

La estructura del sutra

Tal y como se puede ver en el sutra *de las Cuatro Nobles Verdades*, Buda describe cada noble verdad de una manera ligeramente distinta. Afirma que la primera noble verdad debería entenderse, la segunda noble verdad debería abandonarse, la tercera noble verdad debería experimentarse y la última noble verdad debería desarrollarse. Esto indica que, aunque las Cuatro Nobles Verdades son un solo tema, la manera en la que estudiamos y meditamos sobre cada verdad difiere ligeramente.

Buda afirma que debemos *comprender* la verdad del sufrimiento. Finalmente, podremos superar el sufrimiento a medida que practicamos las otras nobles verdades, pero primero debemos comprender qué es el sufrimiento. Esto es algo completamente lógico. Antes de tomar una medicina, debemos comprender cuál es nuestra enfermedad; antes de abandonar el sufrimiento, necesitamos comprenderlo completamente. Por tanto, en esta etapa, comprender la verdad del sufrimiento es la tarea más importante que podemos realizar y para ello es necesario reconocer con total claridad su importancia y llevar a cabo un estudio sistemático de los pasos que debemos dar para completar nuestra tarea.

Buda afirma que la segunda noble verdad, la verdad del origen, debería ser *abandonada*. Por tanto, aquí tenemos que buscar diligentemente el mejor método que nos permita abandonar del todo el origen del sufrimiento. Para ello es necesario aplicar un método distinto de estudio y de meditación. La verdad de la cesación, por otro lado, debería realizarse o alcanzarse. Por tanto, para empezar, debemos llegar a comprender de verdad que este fin se puede alcanzar y que nosotros mismos somos capaces de conseguirlo. Y, naturalmente, ahora llegamos a la cuarta noble verdad, la verdad del sendero, que necesitamos desarrollar para poder superar el sufrimiento.

En la primera sección del sutra, Buda presenta con total claridad la tarea que debemos llevar a cabo. En la siguiente sección, repite tres veces cada una de las nobles verdades, cada vez poniendo un énfasis ligeramente diferente y con sabor ligeramente distinto. Esta repetición representa las tres fases de entendimiento que el propio Buda adquirió en su experiencia cada vez más profunda de esas cuatro verdades. Las tres fases son las siguientes: conocer la naturaleza de la verdad, conocer lo que es necesario llevar a cabo con respecto a esa verdad y, finalmente, llevar a cabo lo que sea necesario hacer.

Respecto a la noble verdad del sufrimiento, en la primera fase Buda explica lo que es el sufrimiento, y en la segunda fase explica que es necesario comprender este sufrimiento. A continuación, en la fase final de la comprensión experiencial de esta noble verdad, explica el logro completo: el hecho de que, cuando alguien ha comprendido completamente el sufrimiento, esto es todo lo que se debe llevar a cabo.

Y lo mismo sucede con el resto de las nobles verdades. En relación al origen del sufrimiento, Buda explica lo que es, también que necesita ser abandonado y, finalmente, que una vez que esto se consiga, se produce un estado de completa conquista y el sufrimiento ya no regresa jamás. Respecto a la cesación del sufrimiento, Buda explica de nuevo lo que es, que necesita ser experimentado, y que una vez que se haya hecho esto, ése es el punto final, que nunca puede convertirse en una no cesación. De hecho, este punto es la Liberación o la Iluminación. Por último, Buda presenta la verdad del sendero dentro del contexto del noble óctuplo sendero, explicando que debe ser desarrollado, y que una vez que se ha conseguido eso, no queda nada más por hacer.

Y al final del sutra, después de explicar las tres fases de cada noble verdad, presentando doce aspectos en total, Buda afirma: "Mientras, oh monjes, el conocimiento y la visión con respecto a estas Cuatro Nobles Verdades tal y como son según sus tres fases y doce aspectos no fueron totalmente purificadas de este modo, no proclamé al mundo con sus divinidades, Maras y Brahmas, a la humanidad con sus ascéticos, brahmanes y hombres, que había despertado correctamente a la incomparable Iluminación." Sólo después de que se haya realizado cada una de las nobles verdades siguiendo su propia singularidad es posible alcanzar el logro completo.

El orden de las cuatro nobles verdades

Buda enseñó las Cuatro Nobles Verdades en un orden muy específico, y esto no tiene nada que ver con el orden en el que las cosas ocurren. En la realidad, la causa debe aparecer naturalmente primero y debe estar seguida por el efecto; y no puede ser a la inversa. Existe una causa que produce un sufrimiento, y existe un sendero que nos conduce al final del sufrimiento. Sin embargo, en las dos series de causa y efecto que comprenden las Cuatro Nobles Verdades, el orden se invierte: el efecto, el sufrimiento, se presenta en primer lugar, seguido de la causa del origen del sufrimiento. La segunda serie presenta el efecto, la cesación y, a continuación, la causa, el sendero.

En *Las grandes etapas del sendero* (*Lamrim Chenmo*), el Maestro tibetano Lama Tsongkhapa explica que, a pesar de no seguir una secuencia natural, éste es el orden particular en el que se debe enseñar al estudiante, porque representa el modo en el que cada verdad se establece psicológicamente dentro de cada uno de nosotros. Por ejemplo, cuando comenzamos a trabajar con las dos primeras nobles verdades, es natural que primero nos demos cuenta de que existe el sufrimiento. Esa comprensión nos conducirá a la búsqueda de las causas que lo producen. Y lo mismo sucede con la segunda serie. Cuando vemos que existe el sufrimiento y que tiene un origen, el siguiente paso es preguntar si existe un modo de que ese sufrimiento llegue a cesar. Con ello, establecemos que es posible la cesación y, entonces, tratamos de encontrar los métodos que nos puedan llevar hasta allí.

Supongamos, por ejemplo, que el fregadero de mi apartamento está lleno de tazas y cacerolas, pero cuando abro la llave del agua caliente para lavarlos, no sucede nada; no hay agua caliente. Después de comprobar que la luz roja parpadeante del calentador está encendida, llamo a alguien para que venga a arreglarlo. Ése es el proceso natural. Cuando descubrimos un problema, retrocedemos y tratamos de encontrar su origen. Cuando vemos el resultado, tratamos de manera natural de encontrar la causa. Así pues, el efecto de identificar un problema es despertar la motivación que nos conduce hacia la solución. Nuestras mentes funcionan naturalmente de esa manera, lo cual explica por qué Buda enseñó las Cuatro Nobles Verdades en esta secuencia tan singular. Por tanto, para el budista practicante que desee emprender el sendero espiritual, la comprensión de esta particular secuencia es, desde el punto de vista psicológico, algo muy natural y útil. La obra de Maitreya *El sublime continuo* (*Uttaratantra*) compara estas cuatro etapas con las que nos ayudan a superar una enfermedad.

> De igual modo que la enfermedad se ha de
> diagnosticar, la causa se ha de eliminar, el estado de salud
> se ha de alcanzar, y el remedio se ha de aplicar,
> así también debería suceder con el sufrimiento, con sus
> causas, con su cesación y el sendero, debe ser
> conocido, eliminado, alcanzado y emprendido[2].

Hasta que no nos damos cuenta de que estamos enfermos, no comenzamos a buscar la causa de nuestra enfermedad y cuando vemos que existe una cura, tratamos de obtenerla. Esto es el sufrimiento, el origen, la cesación y el sendero.

La etimología del término cuatro nobles verdades

Tal vez sea necesario aclarar qué es una *noble verdad*, porque la palabra *verdad* tiene significados distintos en diferentes contextos. En el budismo hay muchas verdades –las dos verdades, las Cuatro Nobles Verdades, y así sucesivamente– y debemos tener cuidado y no asumir que la palabra *verdad* siempre se refiere a la misma cosa.

El modificador *noble* nos indica una verdad tal y como la entienden los seres *arya*, esos seres que han tenido una experiencia directa de la vacuidad o de ausencia de autoexistencia. La palabra *noble* nos da a entender algo visto por los seres arya tal y como realmente es, y en este caso se trata de cuatro reconocimientos: sufrimiento, origen, cesación y sendero. Los seres arya pueden ver todo tipo de sufrimiento –físico y mental, burdo y sutil– exactamente tal y como es, como un sufrimiento. En el caso de personas como nosotros, que no tenemos una experiencia directa de la vacuidad, aunque podemos identificar ciertos niveles de experiencias físicas y mentales como sufrimiento, nos resulta imposible ver todos los niveles de sufrimiento. En lugar de ello, identificamos algunas cosas como algo deseable cuando, en verdad, son sufrimiento. Esto puede parecer que va en contra del razonamiento lógico, pero si examinamos nuestra sociedad nos resultará bastante sencillo ver lo que quiero decir. Lo que la mayoría de nosotros perseguimos creyendo que es felicidad, en realidad, tiene la capacidad de producir precisamente lo contrario.

Eso mismo sucede con los tres temas restantes. Los seres arya los comprenden tal y como existen, en todos sus niveles de sutileza. Nosotros, seres ordinarios, no podemos verlos de la misma manera porque carecemos de la experiencia directa de la naturaleza de la realidad.

LOS BENEFICIOS DEL ESTUDIO DE LAS CUATRO NOBLES VERDADES

¿Qué es lo que nos lleva a embarcarnos en un viaje espiritual? Creo que es una cuestión que debemos plantearnos nosotros mismos desde el primer momento en el que nos sentimos interesados por el budismo. Su Santidad el Dalai Lama afirma que nuestro interés por la vida espiritual es "algo completamente instintivo y no hay necesidad de demostrar que está ahí. La felicidad es algo a lo que todos aspiramos conseguir y, por supuesto, todos tenemos derecho a cumplir esta aspiración"[3].

Deberíamos tratar de comprender con total claridad y desde el primer momento cuál es nuestra motivación más profunda y no limitarnos a aceptar intelectualmente que todos queremos ser felices simplemente porque lo dice alguien como Su Santidad, sino sólo como consecuencia de nuestra propia y rigurosa investigación. Necesitamos ver si el deseo de ser feliz es algo instintivo, tal y como afirmó Su Santidad, y si es así, debemos ver si siempre está presente, motivando todos nuestros actos. También necesitamos ser conscientes de lo hábilmente o de lo torpemente que estamos satisfaciendo esa necesidad. Este examen será nuestro punto de partida.

La mínima ventaja que obtendremos estudiando las Cuatro Nobles Verdades es que desarrollaremos cierto grado de confianza en que los problemas y las dificultades que se presentan en nuestra vida algún día cesarán. En el momento presente, nuestra vida está completamente condicionada por una serie de factores externos que se escapan de nuestro control, pero si somos capaces de ver con total claridad qué cosas son la verdadera causa de nuestros problemas y si somos conscientes de que se pueden eliminar, podemos llegar a la conclusión de que existe un remedio para esta vida "condicionada". Si somos capaces de desarrollar cierto grado de confianza en la posibilidad de que se produzca la cesación –a través de la lectura de libros, de la contemplación y de la meditación– entonces creo que, sin la menor duda, obtendremos buenos resultados.

Además, si somos capaces de ver que, siguiendo las enseñanzas de Buda podemos aprender poco a poco a dominar nuestra mente y a poner fin completamente a nuestra existencia condicionada, estaremos, en efecto, encontrando refugio en el Dharma: las enseñanzas de Buda y el segundo de los tres refugios. Esto nos conducirá de manera natural a sentir respeto por el propio Buda y, en consecuencia, por la Sangha, esos seres realizados que siguen el sendero, y así establecer nuestro refugio en Buda y en la Sangha, los otros dos objetos de refugio. Para ello, debemos conseguir un completo asentamiento en las Cuatro Nobles Verdades.

La mejor manera de refugiarse en el Dharma es poner en práctica el sendero y, así, pasar de refugiarse en la Sangha a *convertirse* en Sangha, no necesariamente ordenándose monje o monja, sino a través de la experiencia directa de la vacuidad. Éste es el beneficio intermedio que proporciona el estudio de las Cuatro Nobles Verdades.

Por último, llegaremos a comprender la verdadera naturaleza de nuestro propio sufrimiento y veremos cómo todos los seres son exactamente iguales en esta experiencia, y así nuestra práctica pasará de manera natural de estar principalmente preocupada de nuestro propio bienestar a concentrarse en el bienestar de los demás. A medida que vamos progresando, nuestros prejuicios e intereses propios se irán disipando y nuestras actividades se harán más altruistas. Por supuesto, esto sólo se puede conseguir realmente a través de la comprensión y de la práctica de las Cuatro Nobles Verdades a un nivel muy profundo. El beneficio más importante que reporta estudiar las Cuatro Nobles Verdades es alcanzar la mente de la Iluminación, o bodhichita, punto en el que nos sentimos completamente motivados por el deseo de liberar a todos los seres del sufrimiento y, por consiguiente, de trabajar para que nuestra propia Iluminación sea capaz de llevar a cabo esa misión.

La cesación del sufrimiento no es un don que alguien nos puede entregar, sino que debe emerger por medio de nuestra práctica del verdadero sendero. A medida que progresamos, se estrechará el abismo que existe entre la vida incontrolada y condicionada que ahora llevamos y el núcleo que es pura y perfecta paz. Al desarrollar un entendimiento y, a continuación, practicar las enseñanzas de las Cuatro Nobles Verdades en nuestra vida diaria, nos convertiremos en seres completamente beneficiosos para todos los demás seres sintientes, no sólo ayudándoles a poner fin a su sufrimiento, sino también eliminando el nuestro propio.

LAS DOS SERIES DE CAUSA Y EFECTO

Una de las creencias más importantes en el budismo es que nada llega a existir si no hay una causa y esta ley de causa y efecto es un punto fundamental para comprender las Cuatro Nobles Verdades. La siguiente tabla muestra dos series de causa y efecto: el sufrimiento como resultado del origen del sufrimiento y la cesación como resultado del sendero.

	Resultado	Causa
Problema	1. Sufrimiento	2. Origen
Solución	3. Cesación	4. Sendero

Aunque estas dos series de causa y efecto son muy específicas, siguen la regla de todas las causas y efectos y, en particular, el tipo específico de causa y efecto llamado *karma* en el budismo. *Karma* es un concepto que muchas veces no se interpreta adecuadamente. Por decirlo claramente, los cambios naturales como la rotación planetaria o el crecimiento de las plantas, no son resultado del karma. El karma siempre está relacionado únicamente con el funcionamiento de la mente. Sólo cuando se ha producido una especie de acción mental, algún tipo de intención o voluntad propia, se produce la secuencia específica de causa y consecuencia y así, siempre está asociado a nuestro estado mental, a nuestros sentimientos o a nuestras emociones. Sin embargo, aunque es muy sencillo ver cómo el sufrimiento y la causa que lo produce están asociados a los sentimientos, puede resultar más difícil comprender esto en el contexto de la segunda serie, la cesación y el sendero, ya que son dos conceptos más sutiles. No obstante, la cesación y el sendero también están intrínsicamente interconectados.

Desde una perspectiva budista, las incontables cosas y acontecimientos que configuran la totalidad del mundo externo, tanto si están asociados a nuestros sentimientos como si no, se denominan *impulsados por los demás*, porque su aparición se debe a otras condiciones. Nada llega a existir sin que lo produzca una causa. En el Sutra *de la Planta de Arroz*, Buda realiza tres afirmaciones:

A raíz de la existencia de esto, surge aquello.
A raíz de la producción de esto, se produce aquello.
Por tanto: a raíz de la ignorancia, existe la intención.

La primera afirmación –"A raíz de la existencia de esto, surge aquello"– se puede aplicar a todos los fenómenos, permanentes e impermanentes, y describe la originación interdependiente. Estas cosas existen, entonces sucede esto. En términos de filosofía budista, por lo que se refiere a la meditación, todos los fenómenos se dividen en una serie de clasificaciones, y la división más común es clasificarlos en *permanentes* e *impermanentes*. En un intento de describir brevemente la diferencia que existe entre estos dos términos, diremos que los *fenómenos permanentes* son fenómenos que no dependen de causas ni de condiciones para su existencia. Durante su existencia, no existe un cambio de un momento a otro. En otras palabras, son estáticos. Los *fenómenos impermanentes* se refieren a todo lo contrario: a las cosas y acontecimientos que dependen de una serie de causas y de condiciones para que puedan existir y que están sujetas a cambios constantes. De ese modo, en este contexto, el término *impermanente* significa que cambia por momentos.

La segunda afirmación –"A raíz de la producción de esto, se produce aquello"– sólo se puede aplicar a los fenómenos impermanentes. Para que se pueda producir algo, el productor debe ser impermanente, ya que sólo los fenómenos impermanentes pueden producir algo que todavía no existe. Los fenómenos permanentes no pueden hacerlo. El término *permanente* significa fijo e inmutable y, por tanto, ¿cómo puede pasar de un estado a otro como una semilla que sí puede convertirse en flor? Sólo si algo es impermanente y, por tanto, tiene la capacidad de cambiar cuando se dan las circunstancias y las condiciones necesarias, se pueden producir los resultados y aparecer otros fenómenos.

La tercera afirmación –"A raíz de la ignorancia, existe la intención"– tiene un alcance más limitado. Las cosas impermanentes no tienen la capacidad de producir ninguna cosa de manera aleatoria. Para poder producir algo, la causa debe ser parecida al resultado. La ignorancia no produce amor, sino que produce apego y aversión, y a partir de ellos, la mente engañada crea el deseo de actuar, que es la intención o voluntad propia.

Cómo funcionan las dos series

La segunda noble verdad es el origen de nuestro sufrimiento. Ignoramos completamente el modo en el que existen las cosas y eso nos produce ansiedad. Vemos todo lo que nos rodea como algo que existe permanentemente y nos aferramos a cualquier cosa que refuerce nuestro concepto de permanencia, dejando de lado todo lo que suponga una amenaza para ello. El apego y la aversión son las raíces de todos los demás problemas y son fruto de la ignorancia. De ese modo, la ignorancia, el apego y la aversión –lo que el budismo denomina los tres venenos– son el origen (la segunda noble verdad) del sufrimiento (la primera noble verdad).

La relación en la primera serie de causa y efecto –el sufrimiento y su origen– es fácil de comprender, porque las dos verdades son impermanentes. A un nivel, la relación en la segunda serie –sendero y cesación– es igualmente comprensible. El sendero es la práctica que llevamos a cabo para eliminar los engaños e incrementar nuestras cualidades positivas. Este sendero se convierte en la causa final de la completa cesación de todo nuestro sufrimiento.

Pero la cesación en sí *no* es el resultado de una cadena de causa y efecto, porque la cesación es permanente y, para que algo pueda ser o bien una causa o bien un efecto, debe ser impermanente. Éste es un punto muy importante. Si algo es un efecto, significa que ha llegado a existir dependiendo de otros factores y, por tanto, debe, por definición, ser impermanente. Los fenómenos permanentes *no* llegan a existir como consecuencia de una serie de causas y condiciones. Sin embargo, pueden llegar a existir a través de otras circunstancias, como un estado que se alcanza cuando se eliminan algunas condiciones.

Todo esto es un poco abstracto. Como ya señalé anteriormente, desde un punto de vista budista, un fenómeno permanente significa algo que nunca cambia y que nunca es producido por otra cosa. Normalmente, el término *permanente* describe un tipo de estado, en lugar de un objeto físico o mental con causas inequívocas. La cesación en sí es uno de los principales ejemplos de fenómeno permanente, así que puede parecer extraño que la encontremos aquí, en la segunda serie de causa y efecto, cuando, de hecho, no puede calificarse estrictamente como un efecto.

Podemos utilizar una taza de té para ilustrar este punto. Cuando derramo el té que contiene, la taza se vuelve vacía. La acción de derramar ofrece un resultado particular, una taza vacía, y por *vacía* aquí simplemente quiero decir vacía de té. Sin embargo la falta de té no se puede denominar verdaderamente un producto, porque es una ausencia, y algo no puede producir una ausencia. No obstante, existe una relación de dependencia entre mi acción de servir el té y el estado de vacuidad de la taza.

De la misma manera, a través de la práctica del sendero, nuestro sufrimiento poco a poco decrece y finalmente alcanzamos un estado que está libre de todo sufrimiento, ignorancia y de las impurezas que son las semillas de ese sufrimiento. Esta simple ausencia de sufrimiento se denomina la *cesación verdadera* y esa cesación es un estado, no un producto. No es producida por el sendero; no es un resultado en sí. De igual modo que al volcar la taza se despoja del té, el seguimiento del sendero nos despoja de nuestras negatividades y nos deja en un estado de Liberación del sufrimiento, que es el Nirvana.

El *Nirvana* simplemente es la cesación del sufrimiento, no la aniquilación de la persona. Mucha gente suele malinterpretar este punto, pensando que el Nirvana es la cesación completa no sólo del sufrimiento, sino también de la persona que trata de alcanzar ese estado. La práctica del budismo no sirve para eso.

Según el budismo Mahayana, cuando por fin se haya eliminado el sufrimiento y las causas que lo producen, en el momento en que sobreviene la muerte, lo mental y lo físico unidos cesan y se alcanza lo que se denomina la *cesación sin residuos*. Con anterioridad, habíamos alcanzado el Nirvana, pero *no* habíamos dejado de existir, porque a lo largo de toda nuestra práctica no habíamos hecho nada para detener la continuación de la persona. De igual manera que nuestro sufrimiento no procede de fuentes externas, sino que es provocado por nuestros propios engaños y karma, también el final completo de ese sufrimiento procede de la eliminación de nuestros engaños. De ese modo, la paz emerge del caos, la cesación del sufrimiento procede del propio sufrimiento y el Nirvana procede del samsara.

El Nirvana no se encuentra en el espacio; no viene caído del cielo. La cesación sólo emergerá del desarrollo de nuestra sabiduría. La Budeidad es un estado interior, pero como nuestra vida normal está focalizada al exterior, existe una fuerte tendencia a ver el Nirvana o la Budeidad como una especie de "ente exterior", como entidades físicas que se encuentran en lugares físicos. Ese punto de vista es erróneo.

El Nirvana podría parecer una especie de abstracción conceptual, pero la cesación y el sendero tienen mucho que ver con nuestra vida diaria. Aunque todos queremos gozar de la felicidad y dedicar la mayor parte del día a tratar de alcanzarla, la mayoría de nosotros buscamos en un lugar que es completamente erróneo. Si seguimos el sendero trazado por Buda, tal y como se ejemplifica en las Cuatro Nobles Verdades, poco a poco irá remitiendo nuestro sufrimiento, cesarán tanto las ilusiones como las causas que las producen, que nos mantiene atrapados en una existencia condicionada.

Esto es lo que dice el budismo pero, ¿estás de acuerdo con ello? Para averiguarlo, tienes que investigar por ti mismo. Cuando Buda describe el concepto de la cesación, está hablando de la capacidad que todos tenemos de cumplir completamente nuestro deseo fundamental e instintivo de ser felices. La primera serie –la verdad del sufrimiento y la verdad del origen– es muy sencilla de entender si realmente la contemplamos, ¿pero realmente puede el sendero que describe Buda conducirnos a la completa cesación del sufrimiento? ¿Eso es posible o simplemente es un dogma budista, algo que se pide que aceptemos sin dudar, simplemente porque Buda lo dijo?

Aunque la primera serie nos parezca verdadera, ¿realmente el sendero nos puede conducir a la cesación? Y si es así, ¿qué es esa cesación: la completa extinción o la existencia en un plano diferente? Éstas son las cuestiones que debemos plantearnos seriamente.

SER NUESTRO PROPIO REFUGIO

> Vosotros mismos tenéis que esforzaros. Los Grandes seres
> del pasado sólo indican el sendero. Aquellos que piensan
> y entran en el Sendero se liberan de las garras de Mara[4].

Si todos tenemos un deseo innato de alcanzar la felicidad, estas palabras extraídas del *Dhammapada* nos dicen dónde debemos comenzar a buscar para hacerlo realidad. Nosotros somos nuestro propio refugio. La clave para alcanzar nuestra necesidad de alcanzar la felicidad se encuentra en nuestro interior y no fuera de nosotros. Esto significa que tenemos todo lo que necesitamos justo aquí, en nuestro interior, sin tener que fijarnos en las cosas externas. Y más buenas noticias: ¡es barato! ¡No tenemos que pagar por alcanzar nuestra felicidad!

Nunca insistiré lo suficiente en lo poderoso y preciso que es este verso. Todo el mundo, en todo momento, trata de cumplir este innato deseo de alcanzar la felicidad y de evitar la desdicha y, sin embargo, nadie parece ser capaz de conseguirlo. Sin embargo, ésta es la única verdad: la fuente de nuestra propia felicidad se encuentra dentro de nosotros.

Todavía no somos verdaderamente conscientes del refugio interior que Buda dice que deberíamos comprender, porque no hemos alcanzado el nivel donde podemos llamar a su puerta. Hasta que lo consigamos, estaremos buscando continuamente la felicidad en el exterior y no habrá forma de satisfacer a nuestro instinto. La práctica del Dharma consiste en hacer que ese refugio interior cobre vida.

Y sólo depende de nosotros. Buda afirma en el *Dhammapada* que deberíamos esforzarnos por alcanzar nuestra propia liberación, porque los Budas sólo pueden mostrarnos el sendero. Ellos nos pueden dar las herramientas, pero somos nosotros los que debemos utilizarlas.

Un punto muy importante que menciona Buda en su primera enseñanza es evitar los dos extremos, que son los siguientes:

La búsqueda de la felicidad de los placeres sensuales, que es bajo, vulgar, el sendero mundano, innoble y sin beneficio; y la búsqueda de la mortificación, que es doloroso, innoble y sin beneficio.

Como esos dos elementos –la excesiva autoindulgencia y la excesiva abnegación– son trampas en las que podemos caer con facilidad, es muy importante tener las cosas muy claras en relación a ellos. En este caso, las palabras de Buda estaban dirigidas a los cinco monjes que fueron sus primeros alumnos, pero creo que estas palabras son muy valiosas incluso fuera del contexto monástico. Guardan mucha relación con nuestras propias vidas. Si caemos en uno de los dos extremos, dejándonos llevar por los placeres sensuales, viviendo sólo para alcanzar la gratificación sensorial, estamos dedicando toda nuestra vida a algo que es inútil, negándonos a nosotros mismos una energía que necesitamos aplicar a todo aquello que merece la pena.

La mortificación personal, por otro lado, parece un concepto arcaico en este mundo material, algo que encaja más con los bosques de la India de hace dos mil años. A primera vista, parece que nadie que conozcamos esté castigando su cuerpo, dejando de comer o de beber, con el fin de encontrar la salvación espiritual. Sin embargo, algunas personas se castigan con tanta severidad en su búsqueda de lo espiritual que acaban por enfermar y por ser infelices. Y también es muy frecuente encontrar a personas que mortifican a su cuerpo por razones mundanas. En ambos casos, la abnegación está impulsada por su ego.

La búsqueda del placer de los sentidos sin duda es un gran peligro para muchos de nosotros. Nuestra sociedad y los medios de comunicación –especialmente el mundo de la publicidad– fomentan la compulsión a dejarnos llevar por nuestros placeres sensuales. La publicidad siempre dice: "Necesitas esto, necesitas aquello", si bien, tras realizar una investigación, se observa que no tiene nada que ver con la necesidad y sí tiene mucho que ver con la gratificación de los sentidos. Sin embargo, existe una gran diferencia entre la devoción por la gratificación sensorial y la satisfacción de nuestras necesidades diarias. Buda afirma:

Aquel que llena su lámpara con agua en vez de aceite, no obtendrá luz; el que frota dos maderos podridos, no encenderá fuego. ¿Y cómo alguien puede liberarse del yo falso llevando una vida miserable, si no es capaz de sofocar el fuego de la lujuria, si todavía anhela placeres terrenales o celestiales? Pero aquél cuyo yo falso se haya extinguido está libre de la lujuria; no deseará los placeres terrenales ni los celestiales, y la satisfacción de sus inclinaciones naturales no le deshonrará. Sin embargo, debe ser moderado, debe comer y beber según las necesidades de su cuerpo… Es nuestro deber mantener el cuerpo sano ya que, de otro modo, no seremos capaces de encender la lámpara de la sabiduría y mantener la mente fuerte y clara. El agua rodea la flor del loto sin penetrar en los poros de sus pétalos"[5].

Sobresaliendo por encima del lodo y del agua, los pétalos del loto se mantienen limpios y secos. Vivimos en el reino del deseo, rodeados por los objetos de nuestros sentidos –vista, oído, olfato, gusto y tacto–, pero los objetos de los sentidos no tienen que llegar a abrumarnos. Actualmente nos abruman y roban nuestro tiempo, impidiéndonos practicar el Dharma. Igualmente, nunca nos llegan a satisfacer del todo, al igual que sucede cuando bebemos agua salada, que cuanto más bebamos, más sed tendremos.

La vida de Buda es un ejemplo de lo que es el viaje más allá de los dos extremos. Después de llevar una vida palaciega de completa gratificación de los sentidos, al igual que tuvieron muchos practicantes espirituales de aquella época, Buda privó voluntariamente a su cuerpo de lo que necesitaba, convencido de que eso podría conducirle a la salvación. Seis años después, Buda se dio cuenta de que ése no era el sendero para cumplir su deseo instintivo de alcanzar la felicidad y liberarse del sufrimiento. Descubrió que el único sendero válido era seguir lo que él llamaba el *camino medio*, que lo resumió en su primera enseñanza en la forma del noble óctuplo sendero.

Debemos tener este punto muy claro antes de emprender nuestro viaje. ¿Seguir el sendero medio, evitar los dos extremos, es la única forma de satisfacer nuestra necesidad instintiva de alcanzar la verdadera felicidad? Y si es así, ¿qué supone seguir el sendero medio? Si tenemos claro que ese sendero verdaderamente conduce a la felicidad, nos sentiremos enormemente motivados para seguirlo con total entrega. No tengo la menor duda de que esto es así, y si el Budadharma tiene la capacidad de reducir los problemas y las dificultades a las que nos enfrentamos en la actualidad, entonces tenemos la responsabilidad de hacer todo lo que está en nuestras manos para practicarlo.

Si eso es cierto, también es nuestro deber mantenernos sanos. Sin un cuerpo que goce de buena salud no seremos capaces de "encender la lámpara de la sabiduría" y mantener la mente fuerte y clara, que es el primer paso en la exploración de nuestro ser interior para encontrar ese pozo de felicidad. Este proceso depende de mantener el equilibrio entre los dos extremos.

La responsabilidad con nosotros mismos y con los demás

Cuando observamos cómo reaccionan los animales cuando se les hace aunque sea un poco de daño, podemos ver que, de manera natural, tratan de protegerse a sí mismos. Los científicos afirman que este instinto de supervivencia y de evitar el daño es una función biológica. Pero nuestra existencia es mucho más que eso; es una combinación de nuestra biología, emociones, sensaciones y otros componentes mentales. Es muy beneficioso observar los actos que llevamos a cabo en nuestra vida diaria. A ser posible, deberíamos estar continuamente alerta, examinando todo lo que hacemos y la intención que tenemos mientras lo realizamos.

Algunas veces podemos sentir que llevamos a cabo cosas sin ningún tipo de intención consciente. Pero si somos verdaderamente conscientes, podemos darnos cuenta de lo que hacemos cuando actuamos, y si encontramos las raíces de nuestra motivación, sin duda veremos que tenemos un deseo instintivo de aumentar nuestra felicidad o de reducir nuestros problemas de alguna manera. A través de la atención podemos observar este deseo instintivo a medida que aparece.

Podemos incluso ir más allá, reconociendo que, independientemente de sus diferencias superficiales, todos los seres poseen en lo más profundo de su interior este mismo sentimiento instintivo: en el nivel más profundo se encuentra la igualdad completa entre todos los seres sintientes. Es fundamental comprender esto si realmente queremos ayudar a los demás.

De hecho, si realmente fuéramos capaces de ver nuestra motivación en ese nivel profundo, no necesitaríamos tratar de generar una buena motivación, sino que ésta aparecería sin el menor esfuerzo. Simplemente sabríamos que todos los seres tienen el mismo derecho a ser felices que nosotros y desearíamos ayudarles a conseguirlo. Ésta es la base de la ética. Su Santidad el Dalai Lama afirma:

> Mi propio punto de vista, que no tiene su base únicamente en la fe religiosa, ni siquiera en una idea original, sino en el sentido común, es que es posible el establecimiento de una serie de principios éticos vinculantes cuando tomamos como punto de partida la observación de que todos deseamos la felicidad y deseamos evitar el sufrimiento. No hay forma de distinguir entre lo bueno y lo malo si no tenemos en cuenta los sentimientos de los demás, el sufrimiento de los demás… La conducta ética no es algo a lo que nos aferramos porque sea buena en sí misma, sino porque, al igual que nosotros, los demás también desean la felicidad y evitar el sufrimiento[6].

Creo que estas palabras tienen mucha fuerza. No puede haber ética –ningún sentido del bien y del mal– si no se tiene en cuenta los sentimientos de los demás. En todo momento deberíamos tratar de ver que los sentimientos y los derechos de los demás son importantes y trabajar para servir no sólo a nuestro bienestar, sino también al bienestar de los demás.

Sin un dogma religioso de ningún tipo, simplemente utilizando el sentido común, es importante juzgar lo que es bueno y lo que es malo, lo que es la felicidad y lo que es la desdicha. Pero sólo podremos conseguirlo si somos capaces de comprender que los sentimientos, los derechos y las necesidades de los demás son tan importantes como los nuestros.

2 LA VERDAD DEL SUFRIMIENTO

POR QUÉ BUDA COMENZÓ CON LA ENSEÑANZA DEL SUFRIMIENTO

Buda comenzó su primera enseñanza con la explicación del sufrimiento humano básico. Podría haber comenzado por las aspiraciones humanas –tales como ir a la playa, disfrutar de unas buenas vacaciones o comprar una gran casa– pero comenzó con el punto de vista opuesto, con el sufrimiento. ¿Por qué? Tengo la sensación personal de que esta cuestión debería tratarse muy seriamente.

Hasta que Buda no fue un adulto, apenas sabía nada de lo que era el sufrimiento, ya que fue educado como un príncipe rodeado de riquezas, belleza y esplendor inimaginables. Y, sin embargo, empezó su búsqueda espiritual gracias al sufrimiento. La historia de la vida de Buda describe cómo emergió de su estado de complacencia al ver acontecimientos naturales (aunque para él eran desconocidos) como la enfermedad, la vejez y la muerte. Después de ver a un hombre enfermo, a un moribundo, y a un cadáver, se dio cuenta de lo vacía que había sido su vida hasta entonces. Con este descubrimiento llegaron tanto la comprensión de la condición humana como el deseo de cambiarla y este punto marca el comienzo de la gran búsqueda espiritual de Buda. Abandonó su entorno indulgente en el que se negaba todo sufrimiento y donde lo único que había era belleza.

La historia de Buda en la que descubre los tipos básicos de sufrimiento es una ilustración perfecta de las dos primeras nobles verdades. La conmoción del mundo exterior era necesaria para despertarle del aturdimiento inducido por el influjo de los sentidos y, como consecuencia de ello, Buda dejó a su esposa, a su hijo y a sus posesiones y fue en busca de la verdad. Normalmente ni siquiera tenemos la determinación de renunciar a nuestras comodidades más básicas por algo que merezca la pena, por no hablar de abandonar a una esposa y a un hijo queridos y a una vida de total lujo. El príncipe Sidhartha tuvo esa determinación porque fue capaz de ver cómo todo el sufrimiento lo produce lo que llamamos la *existencia condicionada* y cómo todos estamos sujetos a ella de igual manera. La existencia condicionada se refiere a la manera generalizada en que nuestra vida, incluyendo nuestro cuerpo y nuestros pensamientos, depende de los actos pasados contaminados. Ver esto con tanta claridad le dio inspiración y trató de resolver firmemente el enigma de la existencia condicionada hasta que descubrió la manera de acabar con ella.

Creo que esta historia tiene muchos puntos en común con la sociedad occidental, donde algunas cosas como el nacimiento, la vejez, la enfermedad y la muerte también se ocultan de la vista. Al igual que hizo Buda, necesitamos ver que esas cosas son la realidad de nuestra vida y que la satisfacción que viene de perseguir los placeres sensuales no lo es. Sólo cuando seamos capaces de comprender verdaderamente las dificultades a las que nos enfrentamos ahora y en el futuro, y lo profundamente enraizadas que están en nuestra vida, comenzaremos a buscar de modo activo una manera de acabar con el sufrimiento. Sólo comenzaremos realmente a buscar el fin de nuestra insatisfacción psicológica fundamental cuando podamos ver con total claridad lo profundamente enraizada que está en nuestro interior. Cuando nos dicen que el fuego quema podemos volvernos precavidos, pero permanecer con las manos en el fuego sin duda nos dará un magnífico motivo para retirarlas.

Sólo si investigamos la naturaleza de nuestra insatisfacción subyacente podremos llegar a comprenderla en su totalidad y, desde ese punto, encontrar una manera de acabar con nuestra situación.

LAS TRES FASES

"Ésta, oh monjes, es la Noble Verdad del Sufrimiento. El nacimiento es sufrimiento, la vejez es sufrimiento, la enfermedad es sufrimiento, la muerte es sufrimiento, asociarse con lo indeseable es sufrimiento, separarse de lo deseable es sufrimiento, no obtener lo que se desea es sufrimiento. En resumen, los cinco agregados sujetos al aferramiento son sufrimiento.

"Esta Noble Verdad del Sufrimiento debe ser plenamente comprendida. Así, oh monjes, con relación a cosas descono-cidas anteriormente, surgió en mí la visión, surgió el conoci-miento, surgió la sabiduría, surgió el verdadero conocimiento y surgió la luz.

"Esta Noble Verdad del Sufrimiento ha sido plenamente comprendida. Así, oh monjes, con relación a cosas desconocidas anteriormente, surgió en mí la visión, surgió el conoci-miento, surgió la sabiduría, surgió el verdadero conocimiento y surgió la luz.

Como ya mencioné en el capítulo anterior, Buda describe cada una de las Cuatro Nobles Verdades tres veces, como tres fases. Estas tres fases son particularmente importantes en relación a la primera noble verdad. La primera fase describe la naturaleza de la verdad del sufrimiento, la segunda fase explica la importancia de comprender la trascendencia específica que tiene la verdad del sufrimiento para el practicante y la tercera fase explica el resultado final o la consecución completa de la verdad del sufrimiento: el reconocimiento completo del sufrimiento.

En relación a la primera fase, la naturaleza de la verdad del sufrimiento, Buda hace una lista de los distintos tipos de sufrimiento que todos tenemos que experimentar –nacimiento, vejez y, así sucesivamente– concluyendo con lo que él llama "los cinco agregados sujetos al aferramiento". En este grupo se incluyen tanto las dificultades físicas como las mentales.

Para nuestro beneficio, los Maestros budistas más adelante las clasificaron en diferentes divisiones, como los tres tipos de sufrimiento y los ocho tipos de sufrimiento, tal y como se presentan en la obra de Lama Tsongkhapa, *Las grandes etapas del sendero* (*Lamrim Chenmo*). Veremos estas dos series más adelante. Estas listas tienen la intención de ayudarnos a ver lo que se encuentra aquí, en nuestro interior, de la forma más clara y precisa posible.

Deberíamos comprender que no es Buda el que nos dice que suframos, sino que es una afirmación de que necesitamos entender el sufrimiento tal y como verdaderamente es. Hay muchos tipos de sufrimiento que debemos identificar. Buda enumeró algunos pero, si pensamos en ello, podemos encontrar muchos más: parece que existen infinitas cosas desagradables a las que nos tenemos que enfrentar a diario y también parece que existe un igual número de cosas agradables que están fuera de nuestro alcance. Eso es lo que explica la primera fase.

El concepto de sufrimiento es muy sutil, por esa razón muchos libros, en lugar de traducirlo, utilizan la palabra original, *dukkha* en pali o *duhkha* en sánscrito. El término *sufrimiento* en nuestro idioma expresa sólo un nivel burdo o evidente de su significado, y por eso entiendo por qué los expertos tienen la tentación de mantener el original o de probar con otros términos como el de *insatisfacción*. Dukkha significa sufrimiento a todos los niveles. Por supuesto, el sufrimiento de cada día *está* incluído –dolor, dificultades, enfermedad y turbación– pero el término dukkha tiene más que ver con el sufrimiento psicológico, el sentido de insatisfacción que está profundamente enraizado en nuestra psique. El resumen que hace Buda –que los cinco agregados sujetos al aferramiento son sufrimiento– realmente llega al nivel más profundo. Con ello, Buda quiere decir que todo lo que tiene que ver con nosotros, todos nuestros componentes mentales y físicos, son sufrimiento porque de alguna manera nos aferramos a ellos de un modo u otro.

Buda también dice que el sufrimiento es estar separado de lo que queremos y topar con lo que no queremos. Si examinamos nuestra vida, ésta es la norma y no la excepción, y parece imposible que pueda ser de otro modo. A primera vista, parece que la vida podría ser algo bueno, lleno de emociones y de distracciones, con dinero en el banco y un buen empleo, pero si rascamos en la superficie descubriremos aquel sentimiento de estar huecos y vacíos. Algunas veces tengo la sensación de que una gran parte de la vida occidental es un encubrimiento desesperado que existe para reprimir esta insatisfacción fundamental.

La primera fase de la enseñanza de la primera noble verdad simplemente consiste en lo que dijo Buda: reconocer el sufrimiento en todas sus manifestaciones; es decir, comprender su identidad.

Cuando Buda dijo: "Esta noble verdad del sufrimiento debe ser comprendida", nos está llevando a la segunda fase de su verdad, que es la importancia de entender la trascendencia específica de la verdad del sufrimiento. Las personas que tratan de encontrar la manera de liberarse del sufrimiento no se conforman con conocer los tipos de sufrimiento que existen. Es necesario comprender todo lo que rodea a los distintos tipos de sufrimiento: cómo funcionan, cómo los experimentamos tanto de manera individual como colectiva, cuánto tiempo duran y así sucesivamente.

Cuando el practicante ha comprendido plenamente todas las categorías y niveles del sufrimiento, ese entendimiento es el entendimiento final, que es la tercera fase. Este entendimiento permanecerá en el continuo mental sin necesidad de tener que renovarse de ninguna manera.

TIPOS DE SUFRIMIENTO

Los tres tipos de sufrimiento

Para poder comprender el sufrimiento, *dukkha,* se necesita mucho esfuerzo por nuestra parte. El sufrimiento es mucho más que el sufrimiento físico evidente. Los occidentales en particular suelen bloquear de la mente cualquier pensamiento de sufrimiento, creyendo que morar en lo negativo es una mala actitud. De hecho, comprender la verdad del sufrimiento supone apreciar la realidad de nuestra situación.

El sufrimiento abarca un amplio espectro de nuestra experiencia, y cuanto más sutil sea, más difícil nos resultará verlo. En su enseñanza de la primera noble verdad, Buda nos enseñó tres niveles principales de sufrimiento que experimentan los seres sintientes. Estos niveles son:

- El sufrimiento del sufrimiento
- El sufrimiento del cambio
- El sufrimiento que lo impregna todo

El sufrimiento del sufrimiento

Incluso los animales comprenden lo que es el sufrimiento del sufrimiento. Es algo desagradable y explícitamente indeseable. Nadie persigue este tipo de sufrimiento y no necesitamos encontrar explicaciones demasiado elaboradas para comprenderlo. Tampoco necesitamos idear estratagemas ingeniosas para evitarlo: los animales, los insectos y los seres humanos estamos constantemente inmersos en la tarea de conseguirlo, aunque ninguno de nuestros intentos parece ser muy adecuado. Todos deseamos liberarnos de este sufrimiento evidente.

Me encontraba en el Monasterio de Sera cuando fue reconstruido en el sur de la India en 1970. A sólo unos pocos metros de las habitaciones de los monjes se encontraba la espesa jungla llena de animales salvajes y de otros peligros. El gobierno hindú había comenzado a limpiar la tierra para poder cosechar en ella. Los elefantes se utilizaban para recoger los troncos cortados y ponerlos en los camiones, porque eran muy fuertes y estaban bien entrenados. Entre Sera y el campamento tibetano corrían dos ríos que sólo tenían dos puentes de madera y los elefantes solían negarse a dar un solo paso sobre ellos hasta que no comprobaban la resistencia de los puentes con sus trompas. Sabían que caerse de un puente les reportaría sufrimiento y trataban de evitarlo. Esto me indicaba que los animales eran capaces de comprender perfectamente este nivel de sufrimiento y trataban por todos los medios de evitarlo.

El dolor físico y mental que experimentamos en este primer nivel de sufrimiento es fácil de reconocer y resulta relativamente sencillo encontrar una solución. No es necesario que adoptemos una práctica espiritual para liberarnos de él; se puede evitar a través de métodos mundanos con un entendimiento igualmente mundano. Cuando Buda dijo que el sufrimiento debería comprenderse, por supuesto, estaba incluyendo este tipo de sufrimiento, pero estaba principalmente preocupado por los niveles de sufrimiento más profundo.

El sufrimiento del cambio

El segundo nivel de sufrimiento es el *sufrimiento del cambio*. Como este nivel de sufrimiento es mucho más sutil y no es aparente si no se lleva a cabo algún tipo de análisis, es mucho más difícil de reconocer. Sin una investigación adecuada, los objetos que se encuentran en este nivel realmente parecen ser causa de felicidad, porque producen cierto placer temporal. Sin embargo, si somos conscientes, podremos verlos tal y como son. Al principio, las cosas y los acontecimientos (como las relaciones, las posesiones y así sucesivamente) presentan un aspecto agradable y hacen que nos sintamos como si aportaran felicidad. Por esa razón, nos sentimos atraídos por ellos. Sin embargo, cuando pasa el tiempo y las circunstancias cambian, ese mismo objeto deseable, atractivo y hermoso se convierte en algo horrendo o desagradable, en algo que queremos evitar. Todos hemos vivido alguna vez ese tipo de experiencia y si tenemos la suficiente conciencia, este hecho se hará completamente evidente. Éste es el sufrimiento del cambio: a causa de una situación cambiante, nuestra forma de ver el objeto o el suceso también cambia.

El budismo postula que todo es impermanente y que el cambio produce sufrimiento, porque queremos que las cosas sigan tal y como están. Por tanto, debemos afrontar en todo momento una serie de problemas, tanto si los consideramos como tales como si no.

Para llegar a entender cómo se produce esto, necesitamos comprender el nivel burdo o evidente de impermanencia: cómo las cosas llegan a existir, permanecen y, a continuación, cesan por el poder de otras cosas que no son ellas mismas. Las cosas surgen por el poder de otras y mientras permanecen siguen encontrándose bajo el poder de otras condiciones. Su cesación también depende del poder de otras cosas. Nada sucede de manera independiente. Comprender este nivel burdo de impermanencia y el hecho de que, en realidad, tenemos muy poca libertad nos ayudará a comprender niveles de impermanencia más sutiles.

Todos sabemos que las cosas cambian, pero necesitamos comprender esto no sólo intelectualmente: debemos entenderlo de manera instintiva, emocionalmente. El cambio tiene la capacidad de producir sufrimiento, pero es importante darse cuenta de que el cambio no es sufrimiento por naturaleza. Hay una gran diferencia. El cambio del otoño al invierno no es nada más que eso: el cambio del otoño al invierno. No hay ninguna emoción implicada en dicho cambio. Sólo cuando nuestras emociones entran en juego es cuando aparece la capacidad de sentir sufrimiento. Sentimos aversión al frío y a la oscuridad del invierno y nos aferramos al último de los días hermosos, y así el cambio nos hace sufrir. No es el cambio lo que es sufrimiento, sino que es nuestro apego a las cosas placenteras y a nuestro deseo de que permanezcan lo que se convierte en sufrimiento cuando las perdemos o cuando nos sentimos amenazados con su pérdida.

No hay nada malo en disfrutar de la vida, pero cuando nos sentidos atraídos por algo, debemos tener en cuenta que algún día va a cambiar. Con mucha frecuencia, o bien no somos conscientes de esto o negamos su naturaleza cambiante y entonces, cuando se produce el cambio, como así debe ser, sentimos una profunda conmoción. Nuestros padres podrían ser muy ancianos y estar en un hogar de la tercera edad, pero cuando mueren, es como si nos hubieran engañado de alguna manera.

Las explicaciones budistas siempre son racionales, mientras que nuestra mente no siempre lo es. Aunque podemos parecer esclavos de nuestras emociones irracionales e innatas, realmente nos ayuda fijarnos en lo que nos está sucediendo de la manera más lógica y racional posible. Al comprender nuestra mente, podemos aprender a reducir poco a poco el efecto que tienen en ella las emociones no deseadas y, a través del esfuerzo constante, podemos evitar caer víctimas de las intensas emociones que conducen a un gran sufrimiento.

El sufrimiento que lo impregna todo

El tercer nivel de sufrimiento es el *sufrimiento que lo impregna todo*. Es el nivel más importante desde el punto de vista del budismo, y para comprenderlo verdaderamente necesitamos una explicación muy completa. Éste es el nivel del sufrimiento al que principalmente se refiere Buda cuando afirma que se debería comprender el sufrimiento. Buda concluye su descripción de la primera noble verdad con "Los cinco agregados sujetos al aferramiento son sufrimiento". Como nuestra existencia no es más que esos cinco agregados —nuestros estados corporales y mentales— esto indica lo verdaderamente integrado que está el sufrimiento en nuestra propia existencia. "Que lo impregna todo" significa que este sufrimiento se extiende a lo largo de toda nuestra existencia.

Este nivel de sufrimiento, y las causas y condiciones que lo producen, se puede entender a través de las enseñanzas de los niveles sutiles de impermanencia. El sufrimiento que lo impregna todo está presente cada vez que nacemos en la existencia cíclica; no podemos evitarlo. Y, sin embargo, como sus causas y condiciones están profundamente enraizadas, nos resulta muy difícil, a las personas ordinarias, llegar siquiera a reconocerlo e identificarlo. Sin embargo, sólo cuando lo reconocemos podemos comenzar a abandonarlo. Los efectos del sufrimiento que lo impregna todo se extienden a lo largo de toda nuestra vida y muchas veces se manifiestan en forma de sufrimientos más burdos, y eso hace que nos resulte difícil llegar verdaderamente a captarlo. Está tan enmarañado que, para llegar siquiera a comprenderlo, y no hablemos ya de superarlo, es necesario realizar un importante esfuerzo. Del sufrimiento que lo impregna todo Su Santidad el Dalai Lama dice:

> Afrontemos la verdadera cuestión: ¿por qué la
> naturaleza de las cosas es ésta? La respuesta es, porque
> todo lo que sucede en samsara se debe a la ignorancia…
> Por tanto, el tercer nivel de sufrimiento se refiere a la
> simple realidad de nuestra existencia no Iluminada[7].

Este tercer nivel de sufrimiento en realidad es nuestra existencia no Iluminada, que se encuentra bajo la influencia de la confusión fundamental y del karma negativo. Por tanto, nada de lo que hay dentro de nuestra existencia se excluye de este tercer nivel de sufrimiento. El mejor instrumento para comprender más a fondo el sufrimiento constante es alcanzar una comprensión plena de la impermanencia. El escritor y seguidor de la tradición Theravada Walpola Rahula afirma:

> Es *dukkha*, pero no porque exista sufrimiento en el
> sentido ordinario de la palabra, sino porque todo lo
> impermanente es *dukkha*[8].

Literalmente, Rahula afirma que en este momento estás sufriendo, mientras lees esto, porque eres impermanente. El budismo tibetano lo explica de una manera ligeramente distinta, afirmando que todo lo que está contaminado es sufrimiento. Esta afirmación no tiene exactamente la misma connotación que la afirmación "Todo lo impermanente es sufrimiento", porque permite la existencia de cosas impermanentes que no están contaminadas.

Si examinamos la impermanencia únicamente desde un nivel burdo —el modo en el que envejecemos, la manera en la que nuestras posesiones se caen a pedazos— entonces sin duda parece que todas las cosas impermanentes son sufrimiento. Sin embargo, cuando somos capaces de comprender los niveles de impermanencia más sutiles, veremos que esto realmente no es así. El ejemplo clásico que se utiliza en los debates que se realizan en el sistema tibetano es el de la mente Iluminada. La mente Iluminada es un tipo de mente y, por tanto, es impermanente. Si decimos que una persona, a través de la práctica, se convierte en un ser Iluminado entonces, al utilizar este argumento, debemos decir que esa mente Iluminada, debería ser dukkha, porque es impermanente. Esto, obviamente, es ilógico. Este punto ilustra una de las principales diferencias que existen entre el budismo Theravada y el Mahayana. Según la tradición Theravada, cuando un practicante individual consigue superar todo el sufrimiento y alcanza la plena Liberación o el Nirvana, esa persona cesa; se convierte literalmente en un ser completamente no existente.

La tradición Mahayana no acepta esto. En su lugar, afirma que lo que cesa no es la mente sino las impurezas que se producen en la mente. Recuerda el ejemplo que vimos en el capítulo anterior de la taza que está vacía de té, que ejemplifica la cesación del sufrimiento como un estado de existencia. Ese estado de cesación es permanente. Sin embargo, la mente que está libre de todo sufrimiento no deja de existir.

El *sufrimiento que lo impregna todo* se refiere al estado de insatisfacción que se extiende a lo largo de toda nuestra existencia no Iluminada. No nos libraremos de él hasta que no nos liberemos del samsara, hasta que no nos convirtamos en Budas.

LOS OCHO TIPOS DE SUFRIMIENTO

Los ocho tipos de sufrimiento son:

1. El sufrimiento del nacimiento
2. El sufrimiento de la vejez
3. El sufrimiento de la enfermedad
4. El sufrimiento de la muerte
5. El sufrimiento de encontrarnos con lo desagradable
6. El sufrimiento de separarnos de lo que es agradable
7. El sufrimiento de no conseguir lo que queremos
8. El sufrimiento de los cinco agregados de los que nos hemos apropiado[9]

En la obra de Lama Tsongkhapa, *Las grandes etapas del sendero*, se explican a fondo los ocho tipos de sufrimiento. Por ejemplo, el primer tipo de sufrimiento –el sufrimiento del nacimiento– se divide en cuatro puntos. El primer punto es evidente: el nacimiento es sufrimiento porque está asociado al dolor. Aunque probablemente no podamos recordar nuestro propio nacimiento, personalmente recuerdo los nacimientos de mi hermana y de mis dos hermanos, que nacieron antes de que yo ingresara en el monasterio. Me acuerdo muy bien de cómo llegaron a este mundo, gritando a pleno pulmón, lo cual demuestra realmente la turbación física que estaban experimentando.

El nacimiento es sufrimiento no sólo porque está asociado al dolor, sino también porque es una condición para que se produzca un futuro sufrimiento. El mismo día en el que nacemos es el comienzo de todas las dificultades que experimentaremos a lo largo de esta vida. Por tanto, en cierta medida, las predisposiciones o semillas del futuro sufrimiento que llevamos en nuestra corriente mental se ponen en marcha como consecuencia del nacimiento en este tipo de cuerpo. De este modo, el nacimiento es el comienzo de nuestro sufrimiento.

El tercer punto dice que el nacimiento es sufrimiento porque es el origen del propio sufrimiento. El día en el que nacemos es el día en el que empezamos a envejecer y el día en el que empezamos a acercarnos hacia la turbación física y mental y hacia la enfermedad que seguramente experimentaremos a lo largo de esta vida. También es el día en el que empezamos nuestro inexorable viaje hacia la muerte. Por tanto, en cierto modo, los tres sufrimientos que siguen al sufrimiento del nacimiento –vejez, enfermedad y muerte– están impulsados por el nacimiento. El nacimiento también es sufrimiento porque es una experiencia de separación no deseada de la seguridad que nos produce el útero de la madre, que a su vez es el precursor de la separación no deseada de esta vida que finalmente experimentaremos el día en el que muramos.

Lama Tsongkhapa explica los demás tipos de sufrimiento con el mismo detalle. Estos puntos pueden ser herramientas muy útiles para la meditación si realmente queremos estudiar en serio este tema. Sería conveniente ver nuestra vida a la luz de esta descripción y permitir que penetre en nuestra experiencia. El tema en su totalidad es mucho más extenso como para explicarlo aquí, pero recomiendo encarecidamente que leas y estudies libros sobre la obra de Lama Tsongkhapa, *Las grandes etapas del sendero*, en particular la sección que explica las etapas del sendero para una persona de capacidad media[10].

Los cinco agregados

No somos más que nuestro cuerpo y nuestra mente. Tradicionalmente, estos dos componentes se dividen en cinco *partes* o agregados: forma, sensación, discernimiento, factores composicionales y consciencia. La *forma* aquí se refiere a nuestro cuerpo y los demás agregados son todos los aspectos de la mente. En este ejemplo, estoy utilizando la terminología del budismo tibetano, pero en los textos de la tradición Theravada puedes encontrar palabras distintas, como sensación y percepción. El significado es el mismo.

Los cinco agregados son la suma total de lo que somos y, por tanto, es fundamental entenderlos para ver la totalidad del sufrimiento que experimentamos. Yo sufro: eso es algo innegable, pero ¿quién es el "yo" que experimenta ese sufrimiento? Cuando trabajamos con cada uno de los cinco agregados, podemos tratar de identificar el "yo", o la falta de él, y llegar finalmente a la conclusión de que no se puede encontrar ningún "mi", "yo" o "soy yo el que sufre". Reconocer esta realidad directamente es todo un avance, pero conocer el concepto de los cinco agregados es el punto de partida.

El agregado de la forma incluye a todos los aspectos físicos de nuestro cuerpo. El agregado de la sensación es la mera sensación, no procesada, negativa, positiva o neutra que experimentamos cuando inicialmente percibimos un objeto y el agregado del discernimiento se refiere a la interpretación y clasificación de esa sensación no procesada en conceptos tales como "amigo", "padre", "hermoso" y así sucesivamente. El discernimiento también se puede llamar *percepción*.

El cuarto agregado, los *factores composicionales* o *formaciones mentales*, incluye a muchos tipos distintos de procesos mentales, como la duda, el deseo, la determinación, la vanidad y varios más. De todos ellos, resulta particularmente importante el proceso de la intención, voluntad propia o karma. El quinto agregado, la consciencia, incluye cinco consciencias sensoriales –vista, oído, olfato, gusto y tacto– y la consciencia mental. Aquí la *consciencia* se refiere al simple hecho del conocimiento, la capacidad de experimentar. No existe absolutamente nada fuera de esos cinco agregados que podamos llamar "yo". Nuestra existencia no Iluminada presente se compone sólo de esos cinco agregados.

En total, en nuestra vida de cada día, ¿qué conocimiento tenemos de esos cinco agregados y qué conciencia tenemos de que nuestra existencia está completamente compuesta de ellos? Estos cinco agregados físicos y mentales constituyen la base del "yo" y, por supuesto, están sujetos a sufrir cambios. Todos sufrimos como consecuencia de nuestra resistencia a ese cambio. Aunque pensamos que no merecemos sufrir, estamos sujetos a padecer sufrimiento porque ésa es nuestra naturaleza. De hecho, por naturaleza, estamos completamente bajo la influencia de las causas y las condiciones que maduran debido a nuestras disposiciones kármicas. En el budismo, esto se denomina *impulsado por otros* (componentes). Nuestros cinco agregados actuales están contaminados porque son producto de la ignorancia y los engaños. Es muy sencillo: sufrimos porque nuestros agregados están contaminados.

LAS CUATRO CARACTERÍSTICAS DE LA VERDAD DEL SUFRIMIENTO

En la tradición Mahayana, cada una de las nobles verdades posee cuatro características, alcanzando un total de dieciséis. Los comentarios como el *Ornamento de la comprensión clara* (*Abhisamayalamkara*) de Maitreya explican estas características como una guía de meditación que se debe practicar durante el sendero que conduce a la Iluminación. Es especialmente importante comprender las características de la noble verdad del sufrimiento:

- Impermanencia
- Sufrimiento
- Vacuidad
- Ausencia de autoexistencia

Impermanencia

El budismo habla a menudo de esta primera característica, la impermanencia, conectándola con la muerte. Por supuesto, si tenemos cierta idea de lo que es la impermanencia, podemos afrontar la muerte con más facilidad, pero la principal razón para tratar de encontrar la manera de comprender la impermanencia es comprender que el apego a los cinco agregados es sufrimiento.

Para comprender el sufrimiento que lo impregna todo, tenemos que comprender cómo funcionan estos diferentes niveles de impermanencia. Por lo general, podemos comprender que las cosas van y vienen. Aparecen debido a una serie de causas y condiciones, permanecen hasta que termina su ciclo de vida y, a continuación, se extinguen. En este nivel, no resulta difícil comprender que las cosas son impermanentes. Sin embargo, más allá de eso, existe un nivel más sutil de impermanencia del que debemos ser conscientes. Este nivel se denomina el *cambio constante*, y se refiere al hecho de que las cosas no permanecen inmutables ni por un momento. Una vez más, esto no resulta difícil de comprender.

El rasgo de impermanencia que representa el reto más difícil para nuestro entendimiento es el hecho de que, cuando se producen los fenómenos, se debe a la influencia de una serie de causas y condiciones, y esas mismas causas y condiciones que los producen, *al mismo tiempo*, contienen las semillas de su propia destrucción. En un programa que emitió hace unos años la BBC sobre el cuerpo humano, un científico dijo que los genes se destruyen a sí mismos a través del proceso de ser creados; simultáneamente a su formación, comienzan a deteriorarse. Esto es parecido al concepto budista de que dentro de cada acto de creación se encuentra la semilla de la destrucción.

Podemos tomar como ejemplo la impermanencia de una mesa. Podemos ver fácilmente que una mesa llega a existir a través de una serie de causas y condiciones y que llegará el momento en el que dejará de existir; será destruida por el proceso de desintegración natural o por otras fuerzas, como el hecho de que alguien la queme. Sin embargo, desde el punto de vista budista, el momento de la creación de la mesa no es estático, sino que se acerca inexorablemente hacia la desintegración total. Esto indica que las causas y las condiciones que producen ese fenómeno contienen la semilla de su propia destrucción. Y ahí se encuentra la posibilidad de que se produzca sufrimiento. La mesa, desde el principio, llega a existir a través del poder de otras cosas, no se puede producir a sí misma. Del mismo modo, todas las cosas son producidas por las demás. Todo depende del poder de los demás, de otros factores para poder existir y esa dependencia hace que las cosas estén sujetas a la desintegración.

En este momento soy Maestro residente en el Centro Budista Jamyang de Londres y mi contrato con el centro me impone algunos límites. Mi residencia en Jamyang depende totalmente del poder de los demás y ese hecho impone cierto tipo de restricciones. Si me gusta o no, eso ya es otra cosa, implica otras emociones, pero en sí misma esta situación impone una serie de límites y eso es un tipo de sufrimiento. Con esto no estoy queriendo decir que la mesa sea infeliz por ser una mesa, ni que yo sea infeliz por ser Maestro residente. Pero el simple hecho de que me encuentre bajo el control de otras fuerzas supone un nivel sutil de sufrimiento.

Pero no es necesario llegar hasta el punto de fijarnos en la vacuidad de la mesa o de Gueshe Tashi. Solo fijándonos en nuestra simple existencia, veremos que es, tal y como dice Su Santidad, *existencia no Iluminada*. Nuestra existencia no Iluminada presente se encuentra completamente bajo el poder de la ignorancia y los engaños y se encuentra totalmente expuesta a sufrir un cambio incontrolado. Por esta razón, podemos comprender que nuestro estado no Iluminado actual es dukkha.

Sufrimiento

Desde el punto de vista del budismo, nuestra existencia presente se ha debido a la ignorancia y a las emociones aflictivas (para más información sobre las emociones aflictivas, véase la página 87). Éste es el segundo de los cuatro aspectos de la noble verdad del sufrimiento: el sufrimiento.

Tenemos que comprender este hecho con total claridad. En nuestro estado no Iluminado presente, el simple hecho de tener los cinco agregados es sufrimiento, porque son producidos por la confusión fundamental de la ignorancia y las emociones aflictivas y, por tanto, no existe en ellos la base para que se produzca la pura felicidad. Nuestra composición básica es imperfecta; por tanto, ¿cómo podemos esperar la felicidad perfecta?

Sin embargo, tratamos de liberarnos del samsara, así que también necesitamos comprender que dentro de nuestra corriente mental existe la posibilidad de que produzcamos las causas y las condiciones necesarias para que se dé la Liberación. Puesto que en nuestra vida de cada día nos resulta muy difícil poder distinguir entre lo que es la verdadera felicidad y lo que es el verdadero sufrimiento, comprender esta capacidad puede ser de gran ayuda.

En la antigua India, muchos practicantes de tradiciones no budistas creían que la plena realización espiritual era sinónimo del desarrollo de la perfecta concentración, un estado mental en el cual todas las sensaciones y, por tanto, los niveles sensoriales de sufrimiento, cesan. Por medio de la concentración podemos reducir y, finalmente, eliminar la conciencia de todos los objetos sensoriales y llevar esto al último extremo conducirá a un renacimiento en un reino en el que no habrá ningún tipo de objeto sensorial.

En el momento presente, vivimos en lo que se denomina el *reino del deseo*, porque los seres que residen allí están dominados por los sentidos: vista, oído, olfato, gusto y tacto. En todo momento, mientras dormimos o cuando estamos despiertos, la mente se aferra a las sensaciones de una manera o de otra. Los seres del *reino inmaterial* han superado este estado y se encuentran incluso más allá de ésos que viven en el *reino de la forma*, donde existen muy pocos objetos sensoriales. El reino inmaterial es creado por la concentración perfecta, es un reino completamente libre de cualquier sensación. Como ya señalé anteriormente, algunas tradiciones no budistas consideran el logro de este reino el fin del camino espiritual. Sin embargo, aunque la tradición budista acepta la posibilidad de renacer en el reino inmaterial como resultado de la perfecta concentración, se cuestiona si ese logro marca el final del sufrimiento; los budistas consideran que el reino inmaterial todavía se encuentra dentro de la existencia cíclica. Aunque en este estado puede que no exista el sufrimiento evidente o burdo, los seres que nacen allí todavía poseen cuatro de los cinco agregados contaminados (no tienen el agregado de la forma) y, por tanto, todavía están expuestos a padecer sufrimiento.

Y así vemos que el sufrimiento es algo casi imposible de evitar y que allí donde exista una mente o una forma que provenga de los engaños y del karma, es completamente imposible evitarlo.

Vacuidad

La vacuidad, la tercera característica de la primera noble verdad, se refiere a la vacuidad de un yo que es una realidad permanente, unitaria e indivisible. Muchas personas tienen un concepto de un alma o de un "ser" como algo individual, y creen que existe un elemento inmutable dentro de nuestros agregados infinitamente mudables –algo separado del cuerpo y de la mente– que contiene la esencia del "yo". Esta característica de la vacuidad –de que no hay un "yo" separado de los agregados– es un nivel de ausencia de autoexistencia muy burdo.

Siempre estamos identificándonos con el "yo" y siempre asociamos el "yo" con uno de los cinco agregados. Este apego a los agregados es lo que se debería entender que es el sufrimiento y, por tanto, hay que abandonarlo. Para poder comprender eso, tenemos que entender que eso a lo que llamamos "yo", según la filosofía budista, no es más que la combinación de una serie de sucesos y fenómenos físicos y mentales que están sometidos a un cambio constante.

Ausencia de autoexistencia

La cuarta característica, la ausencia de autoexistencia, se refiere a la falta de existencia de una persona autosuficiente, independiente y sustancialmente existente. Así no es como vemos las cosas. Por el contrario, sentimos de manera instintiva que somos algo más que la simple combinación de agregados físicos y mentales; estamos convencidos de que existe una identidad independiente, un ser que es autosuficiente, una realidad sustancial.

La anterior característica, la vacuidad, rebate la idea equivocada de un ser que es completamente independiente de los cinco agregados. La característica de la ausencia de autoexistencia rebate la idea equivocada de una entidad que se puede encontrar dentro de los cinco agregados y, sin embargo, ser autosuficiente o sustancial.

La diferencia que existe entre estas dos ideas erróneas se puede ejemplificar estableciendo una analogía con la diferencia que existe entre un rey y el director ejecutivo de una gran compañía. En nuestra concepción habitual de "yo y mis cinco agregados", muchas veces nos sentimos como un supervisor de los cinco agregados, que se encuentran bajo nuestro control, de igual manera que un rey controla a sus súbditos. El rey permanece en su castillo, completamente apartado de sus súbditos, pero manejando totalmente el control. La tercera característica, la vacuidad, rebate esta idea equivocada de un ser que es totalmente independiente de los agregados, afirmando que está vacío de esa existencia independiente.

En otros contextos podríamos sentir instintivamente que no estamos separados de nuestros agregados, sino que todavía los controlamos, tal y como lo hace un directivo de una empresa que, al igual que los demás trabajadores, también es un ser humano y trabaja en la oficina pero, en cierto modo, es especial, porque es quien tiene el control. De igual modo, la cuarta característica, la ausencia de autoexistencia, rebate la idea equivocada de que, si bien el ser no es totalmente independiente de los agregados, no obstante es autosuficiente dentro de ellos.

La tercera característica es burda, la cuarta es mucho más sutil. No es necesario realizar un complicado ejercicio de lógica para ver que este "yo" que tanto apreciamos no puede existir separado de los agregados, es decir, que tiene que depender de alguna manera de la unión entre cuerpo y mente. Aquí no puede haber un rey que controle a los súbditos. Sin embargo, aunque podamos ser capaces de comprender este punto, resulta mucho más difícil ver que, incluso dentro de los cinco agregados, no puede existir ningún "yo" autoexistente.

Si la diferencia entre la vacuidad del ser y la ausencia de autoexistencia parece sutil, deberías saber que, a medida que profundizas en la psicología budista y en las teorías de la vacuidad, esta distinción se hace cada vez más importante. Aunque todas las escuelas filosóficas budistas están de acuerdo en que no existe un "yo" apartado de los cinco agregados, dos escuelas menores, la Vaibhashika y la Sautrantika, afirman que, no obstante, existe una entidad sustancialmente existente a la que podemos denominar "yo".

En la escuela superior, la Madhayamaka, examinamos cada uno de los agregados uno a uno y vemos que nuestra forma física no puede ser el "yo", ni tampoco nuestras sensaciones, y así sucesivamente. Al ver que ningún agregado puede ser el "yo" y, sin embargo, al mismo tiempo comprender que vemos de manera instintiva el "yo" como una singularidad, los Madhyamikas postulan que sólo existe como una etiqueta para denominar a nuestro constantemente mudable cuerpo y mente. Nagarjuna utiliza el término "meramente designado" para describir este proceso.

No hay duda de que el ser, el yo, existe; todos los expertos budistas afirman que esto es así, simplemente porque tenemos experiencias. Pero el concepto de ausencia de autoexistencia rebate la equivocación común de que dentro de los cinco agregados existe un "yo" sustancialmente existente. Este tipo de ser no existe.

A menudo, fruto de la confusión, identificamos a uno de esos cinco agregados como un "yo" y, a continuación, sufrimos como consecuencia de ello. Comprender las características de la vacuidad y de la ausencia de autoexistencia nos ayuda a superar esa confusión. También es importante recordar que es nuestro apego a los cinco agregados lo que produce el sufrimiento, y no los agregados en sí mismos. Por esa razón verdaderamente necesitamos sabiduría. No necesitamos llegar a la experiencia directa de la vacuidad para entender en cierta medida la verdadera naturaleza del ser o del yo; por medio de la aplicación de nuestro análisis intelectual al conocimiento consciente de nuestras propias experiencias, podemos empezar ahora mismo a reducir nuestro sufrimiento.

Al contemplar estas cuatro características una por una, llegamos a comprender nuestra vida de forma más clara y aprendemos a diferenciar entre nuestras percepciones normales y el modo en el que las cosas existen verdaderamente.

COMPRENDER LA VERDAD DEL SUFRIMIENTO EN NUESTRA VIDA DIARIA

El sufrimiento existe

Los argumentos acerca de los agregados y de dukkha pueden parecer muy esotéricos y abstractos, pero comprender la relación que existe entre el yo y los agregados es esencial si realmente queremos cambiar el rumbo de nuestra vida y comenzar a superar nuestro sufrimiento. Si el yo fuera una mera designación en los cinco agregados y los agregados no fueran más que sufrimiento, nuestra situación sería completamente desoladora. Para eliminar el sufrimiento, tendríamos que eliminar los agregados y, por tanto, dejar de existir.

Las tradiciones Theravada y Mahayana tienen una opinión básicamente distinta sobre este punto, que parece derivar de la manera en la que interpretan el sutra *de las Cuatro Nobles Verdades*, específicamente la frase "los cinco agregados sujetos al aferramiento son sufrimiento". Para los escritores de la tradición Theravada como Walpola Rahula, esto supone que dukkha y los cinco agregados no son diferentes; los agregados en sí son dukkha. Los expertos de la tradición Mahayana, por otro lado, interpretan que esto significa que los cinco agregados en sí no son sufrimiento, sino que el sufrimiento es el *apego* a los cinco agregados.

En la *Guía del camino medio* (*Madhyamakavatra*), Chandrakirti habla de la idea del yo de la tradición Theravada:

> Algunos afirman que los cinco agregados constituyen
> la base de la visión que se aferra al yo autoexistente,
> y otros afirman que sólo la mente[11].

El autor argumenta que si los agregados fueran sufrimiento y si el ser o yo autoexistente estuviera dentro de ellos o si fuera lo mismo que los cinco agregados, entonces sería imposible liberarse del sufrimiento. Como nuestro objetivo final es eliminar todo sufrimiento, eso supondría la exterminación total a través de la eliminación de los agregados, ¿Es esto la Budeidad o Iluminación?

Según la tradición Theravada, cuando el personaje histórico llamado Buda, Buda Sakyamuni, alcanzó la Iluminación bajo el árbol Bodhi, su cuerpo físico, y el resto de sus agregados, seguían siendo dukkha. Pero en la tradición Mahayana, y especialmente en la tradición tántrica Vajrayana, que es parte de la tradición Mahayana, los cinco agregados constan de niveles muy distintos, y algunos de ellos son muy sutiles. De hecho, en el Vajrayana, un nivel de los cinco agregados representa los llamados cinco *dhyani Budas*, las cinco energías primordiales. Por tanto, según la tradición Mahayana, es posible tener agregados que no estén en absoluto contaminados. Necesitamos explorar a fondo todas estas diferentes ideas y discernir por nosotros mismos si Buda Sakyamuni era un ser humano normal que alcanzó la Iluminación o si era un ser ya Iluminado que llegó a nuestro mundo para mostrarnos el sendero que conduce a la Iluminación.

Ajahn Sumedho, un maravilloso Maestro Theravada, sugiere hábilmente que no deberíamos pensar que *estamos* sufriendo, sino que *existe* el sufrimiento. Éste es un consejo muy bueno para todas las personas que se encuentran en nuestro nivel, porque con ello evitamos tener que pensar si el "yo" es lo mismo que los agregados. Para meditar en "yo estoy sufriendo", necesitamos un "yo". Meditando de esta manera más impersonal, podemos llegar a ser conscientes de la universalidad del sufrimiento dentro de cada momento de experiencia. La vejez y la muerte son manifestaciones evidentes del sufrimiento. Pero a través de la meditación sobre las distintas manifestaciones del sufrimiento de nuestros agregados, podemos llegar a comprender los niveles más fundamentales del sufrimiento. En *Los tres aspectos principales del sendero*, Lama Tsongkhapa escribió una maravillosa estrofa que describe nuestra situación actual.

> Arrastrados por la corriente de los cuatro ríos
> poderosos, confinados por las cadenas del karma,
> tan arduas de quebrar, enredados en la férrea malla del
> aferramiento a lo autoexistente, velados totalmente
> por la negra oscuridad de la ignorancia[12].

Ésta es la verdadera situación de los seres no Iluminados. En el primer verso, vemos cuál es nuestra situación actual, donde somos arrastrados por estas cuatro clases distintas de sufrimiento: nacimiento, vejez, enfermedad y muerte. Nuestra vida comienza con el nacimiento, que está lleno de dolor y sufrimiento, y finaliza con la muerte, que también es sufrimiento. Entre ambos, tanto si nuestra vida es corta como si es larga, la enfermedad y la vejez nos azotan constantemente. Nos estamos ahogando en las corrientes de esos cuatro ríos, sacudidos por fuertes olas.

El segundo verso nos dice que, además de esto, estamos vinculados estrechamente a nuestros actos pasados, cuyos efectos son ineludibles. El tercer verso describe el lugar donde todavía habita nuestro sufrimiento, aludiendo al aprisionamiento efectuado por la ignorancia que confunde el ego. Por último, nos encontramos con nuestra confusión más importante, la ignorancia de no conocer la realidad de las cosas y de los acontecimientos. Los seres que no son Iluminados padecen varios niveles de sufrimiento.

Despojarse del aferramiento a los problemas

Es muy frecuente negar el alcance del sufrimiento en nuestra propia vida y pretender hacer como si todo fuera sobre ruedas. Como consecuencia de ello, cuando empezamos a estudiar por primera vez el budismo y a investigar el estado de nuestra mente, puede parecer que la vida es mucho peor de lo que antes pensábamos. Eso es cierto, pero es un paso necesario. Ya que sólo si empezamos a ver las cosas tal y como verdaderamente son, podremos afrontar el problema de forma eficaz. El sufrimiento está presente, interna y externamente, tanto si somos budistas como si no. Sin embargo, la gran diferencia ahora es que, al comprender en cierta medida esta noble verdad, tenemos la capacidad de percibir con total precisión nuestra situación y de encontrar una solución.

Pero, por supuesto, si realmente llegamos a hacerlo es otra cuestión y el examen de nuestra práctica es la manera que tenemos de solucionar problemas. Todos sabemos lo que normalmente sucede cuando afrontamos las dificultades: experimentamos impaciencia e ira, culpamos a los demás y desplegamos una artillería de estrategias defensivas. Aunque los demás pueden contribuir a nuestros problemas, la principal causa es interna. Si no somos capaces de ver eso, habitualmente culpamos a los demás. Puede haber cierta satisfacción macabra al culpar al resto del mundo de nuestros problemas, pero esta satisfacción es muy superficial y dañina, porque nos impide conocer en profundidad la verdad de nuestro sufrimiento y las otras nobles verdades.

Buda no finalizó su explicación después de la primera serie de causa y efecto (las verdades del sufrimiento y su origen). Si lo hubiera hecho así, creo que los practicantes del budismo se habrían sentido muy pesimistas en comparación con otros practicantes espirituales, pensando que el mundo no es más que sufrimiento. Pero, por el contrario, Buda prosiguió. Después de enseñar la primera serie de causa y efecto, a continuación enseñó la segunda serie: las verdades de la cesación y el sendero a la cesación. La tercera y la cuarta noble verdad nos inspiran a hacer algo más, en lugar de limitarse a hacernos sentir deprimidos. Y como Buda enseñó la segunda serie de causa y efecto, no tenemos necesidad de sentirnos desesperanzados, porque existe un método que nos permite solucionar el problema.

Aferrarse a un problema no hace que éste desaparezca, sino que lo empeora, agravándolo y conduciéndonos a un sentimiento de frustración y de ira que está relacionado con el problema e, incluso, con nosotros mismos. Cuando nos extraen un diente es muy doloroso, pero no es nada si lo comparamos con la agonía que supone sentarse muertos de miedo en la sala de espera antes de que nos atiendan. Cuando los demás nos hacen daño, aferrarse a la injusticia de la situación o a la crueldad de los demás sólo crea más problemas en nuestra mente. Muchas veces la animosidad y la irritación que sentimos son algo mucho peor que la situación que la ha provocado.

En este sentido, encuentro que la tradición Theravada da un consejo muy adecuado: dejar ir, soltar. Dejarlo ir puede parecer difícil pero, en realidad, es mucho más sencillo que aferrarse a los problemas, al menos a largo plazo. Darse cuenta de que este problema es sólo temporal, al igual que todas las cosas, y que también pasará, nos da más espacio para encontrar la manera de resolverlo. Éste es el lado positivo de la impermanencia: las cosas que amamos pueden no durar para siempre, pero tampoco lo hacen las cosas que nos hacen sufrir.

Dejar ir los problemas es algo bueno, al menos en teoría, pero no es fácil de hacer porque no estamos acostumbrados a ello. Una de las técnicas que podemos utilizar consiste en mirar el problema desde distintos ángulos, examinar cómo apareció, cómo nuestro estado mental contribuyó a su aparición, cuál es la postura de la otra persona y así sucesivamente. En lugar de obsesionarse con el problema y con la manera de desprenderse de él lo antes posible, si analizamos nuestro papel en la aparición de esa situación, existen más probabilidades de que seamos capaces de desprendernos de él. Mirar únicamente las condiciones externas, ver el problema como algo creado externamente, nos impide ver su verdadera causa. En cambio, si utilizamos nuestra sabiduría y nos concentramos en nuestra mente y en el papel que desempeña en esa situación, podremos ver cómo la causa principal es interna y eso hace mucho más fácil que nos podamos desprender de él.

La meditación en la primera noble verdad

Buda dijo que la verdad del sufrimiento debería entenderse plenamente y pienso que eso supone integrar adecuadamente nuestro entendimiento del sufrimiento en nuestra vida diaria. En *Líneas de experiencia*, el más breve de sus tres textos sobre el sendero gradual de la Iluminación, Lama Tsongkhapa dijo que si no hacemos un esfuerzo por pensar en el verdadero sufrimiento, sino que simplemente nos retiramos de la búsqueda de los placeres samsáricos, nunca podremos desarrollar un interés por esforzarnos con el fin de encontrar la Liberación. Limitarnos a negarnos a nosotros mismos el placer es suprimir el deseo y eso nunca funcionará. La causa primordial todavía se encuentra allí. Sin embargo, si podemos ver verdaderamente las desventajas del sufrimiento, nos apartaremos de manera natural de las causas que lo producen. Y si nos esforzamos por evitar el verdadero sufrimiento, el resultado final es la Liberación.

Para comprender en profundidad la verdad del sufrimiento es preciso meditar sobre ella y hay muchas maneras de llevar a cabo esto. Por lo general, el tipo de meditación que empleamos para conseguir la realización espiritual de este punto es la *meditación analítica*. Cuando pensamos en algo, que es virtualmente todo el tiempo, existe una mente y existe algo en lo que pensamos, el objeto de la mente. Si estructuramos esta actividad concentrándonos intencionalmente en un objeto en particular, se convierte en una meditación analítica. En otro tipo de meditación tratamos de hacer que nuestra mente *se convierta* en el objeto, tal y como sucede cuando meditamos sobre la compasión y tratamos de convertirnos en compasión. Sin embargo, con la meditación analítica, el sujeto –la mente– observa al objeto como una entidad separada.

Un método para meditar sobre la primera noble verdad consiste en meditar sobre la completa variedad de desventajas de existencia cíclica, tal y como se puede encontrar en las enseñanzas del sendero gradual que conduce a la Iluminación (en tibetano, *Lamrim*). A algunas personas les resulta más sencillo meditar en los problemas de los demás que en los suyos propios, así que la meditación podría concentrarse en el sufrimiento de los animales, los espíritus hambrientos y los seres infernales. Para otras personas, meditar en sus propios problemas tiene mucho más sentido. Aunque el *Lamrim* expone un amplio abanico de sufrimientos, no es necesario meditar en cada uno de ellos. Utiliza cualquier sufrimiento que te resulte inspirador y que haga que tu meditación sea eficaz y trata de comprender los efectos destructivos de ese sufrimiento: física y mentalmente, a corto y a largo plazo. Hacer esto te motivará a llevar a cabo todo lo que sea necesario para liberarse de ese tipo de estado.

También podemos meditar en el hecho de que, cada objeto agradable que obtenemos produce otro objeto desagradable con el que lidiar y, por tanto, resulta imposible escapar del sufrimiento mientras sigamos aferrándonos al placer. Ésta es una meditación en el sufrimiento del cambio, el segundo de los tres tipos básicos de sufrimiento. Una vez más, como es una meditación analítica, no se trata de que tu mente se *convierta* en ese sufrimiento, sino de que lo puedas observar como algo verdadero o válido a la luz de tu propia experiencia. Nuestra vida está sujeta a tres polaridades:

- Satisfacción e insatisfacción
- Atracción y aversión
- Libertad y falta de libertad

Es importante recordar que donde existe la atracción, también existe la aversión; que la insatisfacción va de la mano con la satisfacción; y que si gozamos de libertad también carecemos de ella. Aquí me refiero a la libertad relativa dentro del samsara –la libertad de la dominación, de las preocupaciones económicas, de la enfermedad, etc.– no de la libertad o de la Liberación que es el Nirvana. El punto más importante es que todo lo que hay dentro del samsara también lleva consigo el potencial para que se produzca su opuesto. El mismo objeto que aporta cierto grado de satis-facción finalmente también traerá consigo cierto grado de insatisfacción. Y el mismo objeto que nos une al samsara también tiene el poder de liberarnos de él. Cuando tratamos de encontrar satisfacción, esa misma mente contiene en su interior las semillas de la futura insatisfacción, porque existe un cierto grado de ignorancia que se aferra a una expectativa no realista e irrealizable. Cuando nos sentimos atraídos por algo o por alguien, nuestra mente exagera las cualidades de ese objeto y crea el escenario adecuado para la aparición de una futura frustración y aversión. En nuestras actividades diarias tratamos constantemente de alcanzar uno de esos objetivos y de evitar su opuesto, pero ésta es una búsqueda fundamentalmente imposible. Al analizar esta situación, nos daremos cuenta del sufrimiento del cambio.

Una meditación que resulta particularmente útil y que podemos practicar es analizar los cinco agregados y examinar la relación que guardan con el sufrimiento. Si nos fijamos en primer lugar en el agregado de la forma, podemos ver cómo actúa como la base de muchos de nuestros problemas. Todos nuestros problemas físicos, como una enfermedad, los dolores de cabeza y el envejecimiento, son rasgos distintivos del proceso natural del cuerpo; todos ellos aparecen porque tenemos un cuerpo.

Nuestra exploración del agregado de la forma puede aso-ciarse a la *incertidumbre*, el primero de los seis sufrimientos generales del samsara[13]. Aunque podamos pensar que nuestro cuerpo ahora es fuerte y sano, es imposible predecir cómo será dentro de unos años. Esta incertidumbre crea ansiedad, aunque sea de manera inconsciente. Si pensamos en esos problemas una y otra vez, haciendo que esa conciencia profundice hasta que acabemos por canalizarla hacia un solo punto, nos convenceremos firmemente de que el agregado de la forma verdaderamente es la base de todos nuestros problemas.

Es preciso pensar en estas cosas antes de pasar a los demás agregados y ver cómo, de la misma manera, nuestra mente es la causa de la mayoría de nuestros problemas. Si somos capaces de comprender que nuestra existencia comenzó con el sufrimiento del nacimiento y que terminará con el sufrimiento de la muerte, conseguiremos cierto grado de fortaleza para no venirnos abajo cuando se presenten los problemas. Ellos son parte del proceso natural de nuestra vida y, como tales, igual que vienen, se van.

Hemos de utilizar todas las herramientas que tengamos a nuestro alcance para tratar de comprender la noble verdad del sufrimiento al nivel más profundo posible. Éste es el claro mensaje que nos entregó Buda: que esta noble verdad describe nuestra vida y es necesario comprenderla. Podemos hacerlo viendo cómo nuestro sufrimiento procede de una serie de errores fundamentales, como creer que existe la permanencia cuando, en realidad, no existe o malinterpretar la naturaleza de nuestra identidad. Cuanto más profunda sea nuestra comprensión del sufrimiento, más cerca estaremos de llegar a liberarnos de su yugo.

3 LA VERDAD DEL ORIGEN

ENGAÑOS

Las tres fases

"Ésta, oh monjes, es la Noble Verdad del Origen del Sufrimiento. Es el ansia que produce nuevas existencias, acompañado por el placer y la lujuria, buscando siempre nuevos deleites, ahora aquí, ahora allí. Es decir, el ansia por los placeres sensuales, el ansia por la existencia y el ansia por la no existencia.

"Esta Noble Verdad del Origen del Sufrimiento debe ser erradicada. Así, oh monjes, con relación a cosas desconocidas anteriormente, surgió en mí la visión, surgió el conocimiento, surgió la sabiduría, surgió el verdadero conocimiento y surgió la luz.

"Esta Noble Verdad del Origen del Sufrimiento ha sido erradicada. Así, oh monjes, con relación a cosas desconocidas anteriormente, surgió en mí la visión, surgió el conocimiento, surgió la sabiduría, surgió el verdadero conocimiento y surgió la luz.

Tal y como sucede con las otras nobles verdades, Buda explica en tres fases la noble verdad del origen del sufrimiento: la naturaleza del origen del sufrimiento, lo que se debe hacer con respecto al origen del sufrimiento –debe ser abandonado– y el logro completo o el resultado final, su abandono.

La primera fase enumera los diferentes tipos de apego (llamados "ansia" en el Sutra *de las Cuatro Nobles Verdades*) que conducen a nuevas existencias. Estos apegos profundamente enraizados son el origen fundamental del sufrimiento y, como practicantes que buscamos la liberación del sufrimiento, es esencial que los conozcamos. Esta enumeración fue difundida por posteriores Maestros indios, tibetanos, así como por otros Maestros budistas para poder darnos un entendimiento lo más claro posible de la fuente de nuestro sufrimiento. El sistema tibetano en particular lo estructura de manera lógica, mostrando cómo la ignorancia fundamental nos conduce a las emociones aflictivas y a las acciones kármicas, que juntas son la causa del sufrimiento. No podemos esperar desmantelar problemas profundamente enraizados hasta que no seamos capaces de comprender con total claridad esta estructura causal. Por tanto, esta primera fase de comprensión es un requisito previo para la segunda fase de abandono.

Abandonar las causas del sufrimiento es la segunda fase de esta noble verdad. Por supuesto, no basta con limitarnos a comprender por qué sufrimos, sino que necesitamos hacer algo al respecto. Por tanto, hemos de emplear la motivación que surge al darnos cuenta de la importancia que tiene abandonar no sólo los problemas superficiales y sus causas y condiciones burdas, sino también aquellos engaños más arraigados y sus *propios* orígenes sutiles. Una vez más, el sutra simplemente declara que el origen del sufrimiento debería ser abandonado, mientras que los Maestros posteriores detallan a fondo la secuencia del abandono del sufrimiento.

Al afirmar que el origen del sufrimiento se ha abandonado, la tercera fase explica el resultado final: el logro completo. Utilizando los antídotos adecuados para eliminar completamente la fuente del sufrimiento del continuo mental, el logro completo es el resultado final; esas fuentes no volverán a aparecer en el futuro. De ese modo, la tercera fase dice que el origen del sufrimiento ha sido abandonado.

Puesto que el origen del sufrimiento es un objeto que debe ser abandonado, resulta útil no sólo comprender lo que es el origen, sino también cómo crea niveles de perturbación muy sutiles en nuestra mente, que a su vez son el origen de los niveles del sufrimiento menos sutiles.

Lo que experimentamos en el momento presente es sufrimiento, que es una consecuencia. En cualquiera de las formas en las que se manifieste el sufrimiento, su origen radica en el nivel más profundo de la confusión fundamental sobre cómo llegan a existir las cosas. A esto se le llama *ignorancia*, pero esto es mucho más profundo que la manera en la que habitualmente utilizamos ese término en nuestro idioma. Hay dos tipos de ignorancia que producen todos los problemas: ignorar la ausencia de autoexistencia de las personas y de los fenómenos. Más adelante los veremos con mayor detenimiento.

Esta ignorancia fundamental conduce a la creación de nuestras emociones aflictivas –el apego y la aversión– que a su vez nos llevan a crear acciones kármicas y sufrimiento. Muchas veces habrás oído hablar de que el sufrimiento lo producen el karma y los engaños. "Engaños" es un término general para expresar la combinación de la ignorancia y de las emociones aflictivas del apego y la aversión. En sánscrito se llama *klesha*, que algunas veces también se utiliza para denominar a las emociones aflictivas.

En nuestra vida diaria todas estas fuerzas actúan de manera simultánea y continua, haciendo que parezca que no existe una secuencia lógica. Sin embargo, debe haber una secuencia, debido a la naturaleza causal del sufrimiento. No puede haber una consecuencia sin una causa, y a través de la interacción de la ignorancia, de las emociones aflictivas y de las acciones kármicas podemos experimentar la consecuencia del sufrimiento. Sin embargo, necesitamos un alto grado de conciencia para apreciar esta secuencia.

La ignorancia

La causa fundamental del sufrimiento es la ignorancia. La *ignorancia* es un término que aparece con mucha frecuencia en el budismo, a menudo sin una explicación, ya que es un concepto muy básico. Es vital conocer a qué se refiere verdaderamente el término *ignorancia*. La ignorancia se puede

definir de distintas maneras. Se puede referir simplemente a
no comprender algo del todo y, como consecuencia de ello,
a actuar de manera poco sabia. Éste es el tipo de ignorancia
más superficial y, por debajo de él, hay más y más niveles.
Hasta llegar al nivel subconsciente más sutil. En este contexto, la ignorancia se refiere a nuestra mala interpretación
de la naturaleza de la realidad.

La ignorancia es la llave de contacto, el punto de partida
de toda la existencia cíclica. Ya que esta mente engañada
no entiende la realidad, aparecen las emociones aflictivas
engañosas burdas o sutiles. A continuación, como consecuencia de esas emociones aflictivas, reaccionamos de manera
mental, verbal o física. La consecuencia de todo esto es el
sufrimiento.

La confusión fundamental

Los practicantes de las tradiciones Theravada y Mahayana
comparten un punto de vista común de la definición del
origen del sufrimiento. El sutra declara:

> "Ésta, oh monjes, es la Noble Verdad del Origen del Sufri-
> miento. Es el ansia que produce nuevas existencias, acom-
> pañado por el placer y la lujuria, buscando siempre nuevos
> deleites, ahora aquí, ahora allí. Es decir, el ansia por los
> placeres sensuales, el ansia por la existencia y el ansia por la
> no existencia.

En pali, la palabra para designar el ansia es *tanha*,
que literalmente significa "sed". Según mi opinión,
este concepto es un término crucial dentro del sistema
Theravada, el término que apunta a la raíz de todo
sufrimiento. Se pone gran énfasis en el ansia o la sed,
porque es una causa principal del sufrimiento, aunque
los expertos de la tradición Theravada reconocen que
no es la única causa. Walpola Rahula la llama "la causa
más palpable e inmediata"[14]. El énfasis en la tradición

Mahayana es ligeramente diferente. La sed, el ansia, se ve como origen, pero la raíz de donde emana nuestro sufrimiento se dice que es nuestra ignorancia o nuestra confusión fundamental.

Es importante no pensar que una explicación es "correcta" y la otra "equivocada", o que una es más profunda y, por tanto, se debería ignorar a la otra; de igual modo, no deberíamos descartar una explicación porque sea Mahayana y no encaje en nuestro modo de pensar, o la otra porque sea Theravada y nosotros nos consideramos budistas tibetanos. Al igual que sucede con otras muchas cosas en el budismo, las distintas explicaciones están diseñadas para adecuarse a gente de diversos intereses y disposiciones. Algunos utilizamos el budismo como una herramienta que sirva para dar sentido a nuestra agitada vida, ya que no tenemos ni el tiempo ni la inclinación suficiente para ahondar en filosofías más esotéricas. Estamos buscando la manera de mantener nuestra vida bajo control y adquirir cierto grado de paz. Otros podrían tener la posibilidad de implicarse en un estudio más profundo o ir un poco más allá y tener el deseo de poner en práctica las enseñanzas con mayor profundidad. Resulta muy útil leer sobre las dos distintas tradiciones y buscar un terreno en común y, a continuación, desde esa base, elegir cuál es la más adecuada para la propia mentalidad y estilo de vida. Lo que verdaderamente te puede ayudar es lo que te esté diciendo en este momento.

Si examinamos los distintos niveles de problemas, podemos ver que nuestro sufrimiento inmediato tiene una causa, pero que esta causa también tiene a su vez otra causa. Con frecuencia escuchamos en las enseñanzas budistas que el sufrimiento lo provoca el karma y los engaños. El karma es la semilla que madura en sufrimiento. Pero los actos kármicos están impulsados por nuestros engaños, unos engaños que se pueden desglosar en nuestras emociones aflictivas y en la confusión fundamental que es la causa primordial de su aparición.

La ignorancia de la ley de la causalidad

Cuando hablamos de la causa del sufrimiento, términos como *engaño* o *emoción aflictiva* o *impureza* muchas veces se utilizan con demasiada ligereza. Sin embargo, la causa subyacente del sufrimiento es la ignorancia fundamental, de la cual Su Santidad el Dalai Lama dice:

> En la raíz de esta situación se encuentra una confusión fundamental o, en términos budistas, una ignorancia fundamental. Esta confusión no sólo se aplica al modo en el que son las cosas, sino también al modo en el que las causas y los efectos se relacionan entre sí. Por tanto, en el budismo podemos hablar de dos tipos de ignorancia o *avidya*: la ignorancia de las leyes de la causalidad, específi camente de las leyes del karma, y la ignorancia de la naturaleza última de la realidad[15].

La segunda ignorancia que menciona Su Santidad, la ignorancia de la naturaleza última de la realidad, se refiere a nuestra falta de entendimiento de la vacuidad, que es un tema muy amplio. Por ahora, sólo hablaré del primer tipo de ignorancia, la ignorancia de la ley de la causalidad, fijándonos en qué tipo de ignorancia es y en cómo la malinterpretamos. En general, la ignorancia se puede dividir en dos categorías: ignorancia adquirida e ignorancia innata.

Tal y como su nombre implica, la ignorancia adquirida no es intrínseca, sino que su presencia se debe a la influencia de una serie de creencias adoptadas y de la cultura en la que nos hemos educado. Estamos influidos en todo momento, algunas veces de manera muy persuasiva, aunque no seamos conscientes de ese hecho. Algunas creencias son racionales y, por tanto, perfectamente seguras; muchas otras son supersticiosas o simplemente equivocadas. Sin embargo, normalmente no cuestionamos las creencias aceptadas de la cultura o del grupo en el que nos movemos. Por ejemplo, los sucesos afortunados o aleatorios son conceptos aceptados en la sociedad occidental, lo cual mitiga cualquier sugerencia de que todo tiene una causa. Aceptamos la idea de la existencia de sucesos aleatorios sin pensar. Por otro lado, no deberíamos aceptar ciegamente la causalidad simplemente porque hemos adoptado un nuevo sistema de creencias. Hemos de explorar todo de manera crítica, tomando nuestras propias experiencias y nuestra vida interior como material de investigación. La mente que sopesa las pruebas y piensa de manera racional es nuestro recurso más importante a la hora de afrontar este tema. Si adoptamos creencias sin realizar una investigación, nuestros estudios se volverán estériles y anodinos.

Un sencillo ejemplo que muestra la facilidad con la cual adoptamos creencias es el modo en el que confiamos al instante en la ciencia. En la actualidad, las teorías científicas son muy populares y normalmente las aceptamos, tanto si las comprendemos como si no. La opinión científica convencional que impera en la actualidad afirma que nuestra vida mental constituida por pensamientos, sentimientos y sensaciones no es más que un producto de reacciones químicas que se producen en el interior de nuestro cerebro y de nuestro cuerpo. Cuando estas reacciones químicas cesan, según esas creencias, la existencia también cesa. Por supuesto, esta idea que considera que toda actividad mental depende por completo del organismo biológico no es la única aceptada actualmente, pero parece ser la más dominante y la que muchas personas aceptan sin cuestionarse en absoluto. Este tipo de ignorancia, me atrevería a afirmar, es una ignorancia de la ley de la causalidad debido a las creencias adoptadas o al condicionamiento cultural y, de ninguna manera, es una ignorancia innata o natural.

Las creencias ancestrales o religiosas también pueden producir este tipo de ignorancia. Muchas personas creen que somos creados por Dios. No pretendo decir que eso sea necesariamente erróneo, pero desde luego no se ajusta a la idea budista de causa y efecto. Fruto de esta creencia en Dios, muchas personas han llevado a cabo un trabajo sorprendente, beneficiando a millones de personas durante un siglo tras otro. No obstante, la creencia en un Dios creador va contra el concepto de causa y efecto y crea confusión sobre cómo han llegado a existir las cosas. Esto también es una ignorancia adquirida.

La ignorancia innata, por el contrario, no se adquiere a través de nuestro entorno, sino que aparece de manera natural en todos los seres. Incluso sin necesidad de que nuestra cultura cause confusión, todavía seguiríamos estando confundidos como consecuencia de nuestra ignorancia innata. La ignorancia innata no depende del razonamiento. Sentimos de forma espontánea que las cosas y los acontecimientos, incluyendo nuestra propia existencia, aparecen sin necesidad de depender de una serie de causas.

Así pues, existe una especie de tendencia natural a ver las cosas de manera equivocada. Yo me eduqué en una familia budista y estudié en escuelas y monasterios budistas. De manera intelectual y completamente racional, acepto que he tenido vidas anteriores y que en esas vidas anteriores he acumulado una serie de causas y condiciones y que ésa es la razón de que ahora experimente las cosas de una manera ligeramente distinta de los demás. Desde el punto de vista racional, puedo pensar en base a todas esas creencias budistas, pero en mi interior, no siempre están en consonancia con mi percepción instintiva de cómo ocurren las cosas.

Por ejemplo, cuando afrontamos una serie de dificultades, culpamos de manera instintiva a los demás, creyendo que alguien o algo que está fuera de nosotros es el responsable. La tendencia a culpar a los demás es espontánea. Nadie nos tiene que enseñar a hacerlo. Éste es un tipo de ignorancia innata sobre la ley de la causalidad.

Las emociones aflictivas

Como consecuencia de nuestra confusión fundamental, dentro de nosotros se crea una sensación de ansiedad, no importa lo sutil que sea, porque no somos capaces de ver correctamente los objetos que percibimos. Esta ansiedad es una emoción engañosa o aflictiva.

Las emociones aflictivas surgen porque la mente se siente atraída por un objeto o repelida por él y, por tanto, los dos tipos de emociones aflictivas son la atracción y la aversión. Deberíamos tener en cuenta que, en el budismo, estos dos términos tienen una importancia más amplia de la que nosotros normalmente damos. Cuando utilizamos el término *apego* en nuestro lenguaje cotidiano, normalmente nos referimos a un nivel de apego mucho más burdo a las personas o a las cosas. Estos términos, tal y como se utilizan aquí, tienen un significado mucho más profundo y sutil. La mente, entendiendo mal el modo de existencia del objeto, ya que ve el mismo como algo que existe desde su propio lado, se acerca hacia el objeto de manera instintiva, o bien se aleja de él, dependiendo de si el objeto confirma o amenaza el propio sentido de existencia concreta y unitaria de un yo autoexistente en la mente. Experimentamos aversión hacia algo que dañe nuestro sentido del yo autoexistente, y sentimos atracción hacia algo que refuerce nuestro sentido del yo autoexistente. Esto puede ser algo extremadamente sutil. La próxima vez que entres en una habitación abarrotada de gente, observa cómo, de manera instintiva, te acercas a algunas personas y evitas a otras, aunque lo hagas nada más que con el movimiento de los ojos.

Las emociones aflictivas raíces y secundarias

El apego o la aversión pueden ser o bien una emoción aflictiva raíz o se puede manifestar en forma de emociones aflictivas secundarias, llamadas así porque sólo aparecen en ciertas circunstancias específicas. La *emoción aflictiva raíz*, tal y como su nombre indica, es la causa primordial de todas las emociones aflictivas secundarias, que incluyen el orgullo, la duda perturbadora y las diferentes ideas erróneas.

Todos sentimos emociones, pero el término *emociones aflictivas* sugiere que también debe haber emociones que *no* sean aflictivas. ¿Cuándo una emoción no aflictiva se vuelve aflictiva? Desde una perspectiva budista, las emociones que aparecen como consecuencia de la ignorancia son aquellas que, simplemente a través de su presencia, enturbian la mente de manera inmediata. Como existen distintos grados de sutileza de la ignorancia, estas emociones, también, abarcan desde las burdas a las sutiles. La ignorancia sutil produce emociones aflictivas sutiles y la ignorancia burda produce emociones aflictivas burdas. Las emociones sutiles son muy difíciles de identificar como aflictivas y, por tanto, son más difíciles de eliminar. Sin embargo, cualquier emoción que emane de un sentimiento de compasión o de amor genuino y que, por tanto, no esté contaminado en absoluto por la ignorancia, sigue siendo una emoción, aunque no sea de tipo aflictivo. Todos sentimos cierto grado de amor y de compasión, por supuesto, pero la mayoría de las veces esos sentimientos están contaminados por nuestras mentes erróneas.

LOS TRES TIPOS DE ANSIA

"Ésta, oh monjes, es la Noble Verdad del Origen del Sufrimiento. Es el ansia que produce nuevas existencias, acompañado por el placer y la lujuria, buscando siempre nuevos deleites, ahora aquí, ahora allí. Es decir, el ansia por los placeres sensuales, el ansia por la existencia y el ansia por la no existencia".

En el sutra, Buda presenta tres tipos de ansia: el ansia por los placeres sensuales, el ansia por la existencia y el ansia por la no existencia. Sin embargo, en la tradición del budismo tibetano, estudiamos estos tres conceptos en un orden ligeramente distinto:
  * El ansia por los placeres sensuales
  * El ansia por los agregados transitorios
  * El ansia por la existencia

El ansia por los placeres sensuales

Es evidente que ansiamos los placeres sensuales, objetos que producen cierta excitación o gratificación a nuestra consciencia sensorial. Nosotros, los seres sintientes, vivimos en el llamado *reino del deseo*, donde estamos dominados por nuestras cinco conciencias sensoriales y estamos constantemente en peligro de vernos atrapados por los objetos externos. Nuestra mente se siente continuamente atraída hacia las vistas, los sonidos y otras sensaciones que comprenden nuestra experiencia y, cuando estamos privados de todas esas cosas, nuestra mente conceptual crea objetos internamente con pensamientos y recuerdos. Los apegos sensoriales en particular –como el ansia de disfrutar de una buena comida o de unos amigos maravillosos– no pueden estar con nosotros constantemente; pero de una manera o de otra, incluso cuando dormimos, nuestra mente está buscando constantemente cosas que produzcan placer a nuestros sentidos.

Si examinamos esta ansia veremos que es la espuela que motiva gran parte de las cosas que hacemos en esta vida y, por tanto, es la creadora de tanto estrés y preocupación. Durante casi todo el tiempo, nuestra búsqueda de la siguiente gratificación dirige nuestra conducta. El término en pali para designar el ansia de los placeres sensuales, *kama tanha*, es un claro ejemplo de esto: actuamos (*kama*) a través de nuestra sed de placeres sensuales (*tanha*) y, como todo esto es fruto de una mente engañada, el resultado es el sufrimiento.

El ansia por los agregados transitorios

Es interesante examinar con cierto detenimiento el ansia por los agregados transitorios, porque las interpretaciones que hacen de él las tradiciones Theravada y Mahayana presentan ciertas diferencias reveladoras.

En pali, este tipo de ansia es conocida como *vibhava tanha*, que normalmente se traduce como "la sed de la no existencia" o "de la autoaniquilación". Ajahn Sumedho lo ve como un deseo de despojarnos de las cosas, refiriéndose a las cosas que no nos gustan[16]. Aunque tanto la autoaniquilación como la aversión a las cosas se puede encontrar en el concepto Mahayana de este tipo de ansia, la tradición Mahayana lo concentra en gran medida en los últimos movimientos vitales de esta vida, y llama a este tipo de ansia el *ansia por los agregados transitorios.*

Este punto es muy importante. El ansia por los agregados transitorios puede ser apego a nuestros agregados presentes de salud y belleza o, a un nivel más profundo, también se puede referir al ansia de despojarnos de esos agregados transitorios cuando no sólo ya no nos sirven más, sino cuando suponen una verdadera amenaza para nuestra supervivencia. De manera natural nos apegamos a nuestros agregados porque representan toda nuestra existencia, pero llega un punto en el proceso de la muerte cuando el fin es inevitable y, debido a nuestro intenso deseo de existir, ansiamos de manera desesperada la próxima vida y sentimos una gran aversión a nuestros agregados presentes porque nos están reteniendo. Esto se corresponde con la idea de la tradición Theravada de la sed por la no existencia.

Mientras que la explicación de Ajahn Sumedho de la aversión a ciertos objetos representa un punto de vista que sólo tiene en cuenta la perspectiva de esta vida, la explicación del budismo tibetano la extiende para incluir la aversión por nuestros propios agregados en el mismo momento de morir.

El ansia por la existencia

En la filosofía del budismo tibetano, el tercer tipo de ansia es una continuación natural de la segunda. Esta vida está terminando y los agregados se están disolviendo, pero nuestro ansia más fuerte y más sutil es por la existencia en sí. Por tanto, dejamos la balsa de esta vida y saltamos a la siguiente.

La explicación tibetana es muy sutil y explora el vínculo vital que existe entre vidas. Tal y como veremos cuando analicemos los doce eslabones de la originación dependiente, de los doce eslabones de la cadena de causa y efecto que nos mantienen en el samsara, el décimo es la existencia. Este vínculo es de lo que vamos a hablar aquí. Esta ansia establece el contacto con la próxima vida y determina qué tipo de experiencia tendremos, así que es como un puente desde esta vida a la siguiente.

La explicación del budismo tibetano habla de este tipo de ansia en términos de la próxima vida, mientras que Ajahn Sumedho la describe, de manera igualmente válida, refiriéndose a esta vida. Sumedho afirma:

> Estamos atrapados en ese movimiento en el que
> ansiamos ser felices, tratando de volvernos ricos;
> o podemos intentar hacer que nuestra vida sea
> importante tratando de crear el mundo adecuado[17].

Cuando se piensa en ello, la necesidad de alcanzar un estatus o de tener amigos es una necesidad de sentir que existimos de una manera tangible, así que las explicaciones que ofrecen las distintas tradiciones no son tan dispares, ya que las dos son un tipo de ansia por la existencia. Las diferencias radican más en los puntos sutiles que en el significado en general. El término tibetano *see say* se traduce como *ansia por el samsara*; el término *see* significa samsara (*see pa*) y *say* significa deseo o ansia. Nuestro deseo más intenso es el deseo de existir. En el momento en que sobreviene la muerte, este deseo se manifiesta como un ansia desesperada por evitar la aniquilación y por pasar de alguna manera a la siguiente forma de existencia. Desde la perspectiva del budismo tibetano, en el ansia anterior, el ansia por los agregados transitorios, es la mente la que desea la continuación de la existencia con tanta fuerza que rechaza los actuales agregados moribundos para pasar a una nueva vida. Es un rechazo, una aversión, mientras que esta última, el ansia por la existencia, es atracción. Es el verdadero salto.

LA ACCIÓN KÁRMICA

Cómo funciona la ley de causa y efecto

El karma es un tema tan complejo y sutil que se dice que sólo los Budas son capaces de comprender todas sus implicaciones, pero si conocemos aunque sea un poco al respecto, se puede llegar a cambiar nuestra relación con las personas y con las cosas. El karma es una función de causa y efecto.

Se deben dar tres condiciones para que algo llegue a existir: la condición de la existencia de una *causa*, la condición de la *impermanencia* y la condición de la *potencialidad*.

Empecemos por la primera, la condición de la existencia de una causa. Las cosas no pueden surgir de la nada; todo lo que existe ha sido producido por otra cosa. Vemos cómo la causa y el efecto están en constante funcionamiento en el mundo natural y nunca diríamos que un manzano surgió de la nada. Lo que hizo Buda simplemente fue extender nuestro entendimiento lógico de la causalidad para abarcar todos los aspectos de la realidad, tanto en lo que se puede observar como en lo que no es directamente observable. La ley de causa y efecto es esencialmente una ley natural. Ninguna otra explicación tiene sentido racional.

La segunda condición que debe estar presente es la condición de la impermanencia. Sin la capacidad de cambiar, nada podría crear resultados. La permanencia denota un estado de inmutabilidad. Algo que es permanente no puede pasar de ser una causa a ser una consecuencia. Ni tampoco podría ser parte de un proceso dinámico que crea un resultado, ya que el acto de la creación en sí cambia al creador. Por tanto, no puede haber una causa permanente: de hecho, en la lógica budista, el término *causa permanente* se considera que se contradice a sí mismo.

No es suficiente con que haya una causa y con que esa causa sea impermanente. Esa causa impermanente también debe tener la tercera condición, la potencialidad: la capacidad de producir el resultado correspondiente. Un manzano es una causa y es impermanente, pero no tiene la capacidad de producir piñas ni otras frutas. Un manzano sólo puede producir manzanas. La potencialidad debe estar de acuerdo con el resultado. Si utilizamos este tipo de lógica, que sistemáticamente funciona a través de un punto de vista aparentemente evidente de que un manzano no puede producir piñas, podemos aplicarlo a todos los sucesos que tengan una causa y un efecto.

Causas sustanciales y causas secundarias

El modo en el que las causas producen resultados debido a estas tres condiciones es una descripción importante, aunque sólo parcial, de la matriz de acontecimientos que configuran la creación de cualquier objeto o suceso. El panorama general es mucho más complejo. Además de la causa material o sustancial, existen muchos otros factores que determinan cómo algo puede llegar a existir. Éstas son las *causas o condiciones secundarias*. Y las causas sustanciales y las causas secundarias juntas se conocen como *las causas y condiciones*.

Aunque la causa sustancial también se llama *causa material*, eso no significa que una sustancia física o material debe actuar como la causa principal. El término *material* en este contexto simplemente significa la esencia de lo que se transforma en un resultado. Puede ser física, como una semilla que se convierte en una flor, pero también puede ser mental, como cuando se produce un momento de ira que conduce al revanchismo.

Con mucha frecuencia, la causa sustancial por sí sola no es suficiente para impulsar verdaderamente el cambio. El agua, la humedad, el calor y la tierra son todos ellos elementos necesarios para que la semilla se pueda convertir en una flor. Una semilla seca que se encuentra en una despensa tiene la capacidad de producir una hermosa flor, pero como carece de las causas secundarias, no producirá ese resultado. Las causas sustanciales y secundarias deben estar juntas.

Este proceso es el mismo para las causas secundarias inmateriales. Para que un estado mental en particular pueda florecer en nuestra consciencia, debe haber una causa sustancial, que es el productor principal de ese estado. Éste siempre es el momento mental inmediatamente precedente. A continuación, existen una serie de causas contribuyentes y esas causas no tienen que ser mentales necesariamente. Estas causas podrían incluir un entorno particular o un acontecimiento externo. Cuando la causa sustancial se encuentra con las condiciones secundarias adecuadas, entonces puede producirse un resultado.

Por tanto, este mecanismo que produce nuevas cosas a través de una serie de causas y condiciones siempre tiene una causa principal o sustancial y una causa secundaria o contribuyente. Así es como sucede con todas las cosas. Es muy importante comprender esto porque, con mucha frecuencia, cuando nos enfrentamos a una situación, particularmente cuando se trata de un problema, tendemos a atascarnos en una única causa. Sentimos que es *esta* causa la que ha producido este problema y que no se puede cambiar nada. Si nos fijamos tanto en la causa sustancial como en la causa secundaria como un todo, y sabiendo que es una combinación de ambas lo que ha creado la situación, tendremos la oportunidad de analizar de manera más realista la forma de afrontar nuestros problemas.

Podemos tomar como ejemplo a un empleado que ha sido despedido. Por supuesto, es natural sentirse deprimido y pensar que no se puede hacer nada. Es normal ver que el hecho de haber sido despedido es la única causa de todos los problemas económicos y psicológicos que padece. Pero, por otro lado, si esa persona es capaz de ver las numerosas condiciones que contribuyeron a alcanzar su estado actual, entonces eso puede eliminar su obsesión por la "causa" concebida. Si es capaz de ver que, en realidad, la causa principal es mucho más profunda, que se asienta sobre una serie de preocupaciones e inseguridades profundamente arraigadas en lugar de deberse a un suceso externo que actuó como detonante, entonces existe una posibilidad de cambiar la situación mental, y tal vez incluso la física. Entonces, puede que sea capaz de cambiar las condiciones que se puedan cambiar y de no preocuparse demasiado de las que no. Las cosas nacen de manera natural de estos dos elementos: las causas sustanciales y las causas secundarias. Cuando examinemos nuestros sentimientos, nuestras experiencias, nuestras vidas y nuestro karma, veremos cómo todas las cosas siguen este mismo patrón.

El karma

Si no somos capaces de comprender que todas las cosas nacen debido a una causa sustancial y a unas causas secundarias o contribuyentes, podría parecer que la teoría del karma es algo inventado por los budistas en lugar de ser simplemente una ley natural sobre cómo nacen las cosas y los acontecimientos. Sin embargo, cuando hablamos de karma, vamos más allá de la simple ley de causa y efecto. Nos fijamos en cómo esas causas y efectos producen felicidad y sufrimiento en nosotros mismos y en los demás.

La causa y el efecto están presentes en el mundo natural, ¿pero es eso karma? Imagina que hoy hace un día maravilloso; el tiempo es agradable, brilla el sol y el cielo está azul. Todos estos factores se dan debido a una serie de causas y condiciones: el movimiento de la Tierra alrededor del Sol, el viento y la ausencia de nubes. Pero cuando entramos en el plano de los sentimientos, entra en juego nuestra felicidad o nuestra infelicidad. Podríamos sentirnos frustrados porque el tiempo es maravilloso y tenemos que estar encerrados en una vieja oficina o, al contrario, podríamos sentirnos muy felices porque es fin de semana y estamos disfrutando de un tiempo estupendo.

El karma entra en juego cuando se implican nuestros sentimientos, cuando existe cierta voluntad o intención por nuestra parte. De hecho, el karma aporta felicidad o sufrimiento *a causa* de la intención. Con el movimiento de la Tierra o con la ausencia de nubes, normalmente no entra en juego la intención. Todo esto es algo natural. Y digo normalmente porque, especialmente en Occidente, estamos muy bien versados en cómo nuestro entorno está afectado por fenómenos como el calentamiento global, provocado por nuestras propias decisiones. Pero eso es otro tema distinto.

Nos implicamos en un proceso natural por medio de nuestra voluntad: es decir, cuando se produce felicidad o sufrimiento. No ocurre dentro del proceso en sí. Allí donde exista intención, está actuando el karma. *Ése* es el factor decisivo. La simple existencia de mi cuerpo presente no tiene nada que ver con mi karma. A medida que hemos ido aprendiendo más cosas de la biología, hemos visto que esa mera existencia es la continuación de una serie de moléculas. Pero, en el momento en el que a mi cuerpo presente le afectan mis sentimientos, existe el karma. Entonces, podemos pensar en el resultado de un karma anterior, o en cómo estamos creando un nuevo karma.

Lo mismo sucede con nuestra consciencia. De los dos tipos de fenómenos, físicos y mentales, la simple continuación de la consciencia no tiene nada que ver con el karma. Es la ley natural. Pero cuando esa consciencia comienza a sentir que algo es agradable, desagradable o neutro –cuando piensa así todo el tiempo– entonces, o bien el karma comienza a funcionar o bien comienza a manifestarse el resultado de un karma creado anteriormente. Por ejemplo, si hoy empiezo a experimentar un intenso dolor de cabeza, desde una perspectiva budista se dice que, sin lugar a dudas, hay una serie de causas que lo producen. A causa de algo definido que se ha hecho en el pasado –las acciones kármicas pasadas, la causa– ahora existe un dolor de cabeza, la consecuencia.

La simple continuación de nuestra consciencia o de nuestro cuerpo físico es exactamente lo mismo que la continuación de una flor. No podemos decir que la flor tenga "el karma de ser una flor". Eso no tiene sentido. Cuando la consciencia reacciona a raíz de la unión de una serie de condiciones, el karma comienza a desempeñar un papel.

Cuando pienso en lo que es una flor bonita y la deseo, o cuando siento repulsa por su excesiva fragancia, entonces se produce una conexión con mi karma.

La literatura budista, especialmente la tradición Mahayana, menciona dos niveles de karma: contaminado y no contaminado. El *karma no contaminado* se refiere al karma de los seres que no están necesariamente Iluminados, pero que tienen experiencias directas de la ausencia de autoexistencia y la vacuidad. Los actos de su cuerpo, de su palabra y de su mente todavía se consideran karma, pero no están contaminados, porque se llevan a cabo desde la experiencia directa de la ausencia de autoexistencia y, por tanto, nunca serán las causas o las condiciones del renacimiento en el samsara. Además, la impresión kármica dejada en la corriente mental por esas acciones también se considera *no contaminada*.

Sin embargo, cuando hablamos del karma, casi siempre nos referimos al segundo tipo, al *karma contaminado*, que es uno de los elementos principales que producen sufrimiento. Hasta que no experimentemos directamente la vacuidad, cada karma o acción que emprendamos se convierte o en una causa principal o en una causa secundaria de renacimiento en el samsara. Por tanto, este tipo de karma se llama *contaminado*. Hasta las mentes de los seres que han hecho grandes progresos en el sendero y han tenido muchas realizaciones espirituales, pero todavía tienen que experimentar directamente la verdad última, siempre están contaminadas por esa ignorancia. En consecuencia, todo el karma que crean, lo hacen bajo esta influencia.

El karma es la causa, no la consecuencia

¿Qué es el karma? Cuando los tibetanos afrontan las dificultades, es frecuente que digan: "Oh, es el karma", pero esto normalmente es una señal de que no han comprendido bien lo que es el karma. Al etiquetar la dificultad en sí como karma, estamos identificando erróneamente el karma con el resultado. Debemos dejar muy claro que el *karma*, que es la palabra en sánscrito para referirse a una acción, es la *causa* y no la consecuencia.

Cuando creamos una acción propia del cuerpo, del habla o de la mente, la voluntad consciente o subconsciente que causa esa acción también crea un potencial que se deposita en el continuo mental, la corriente de consciencia. Cuando se dan las condiciones adecuadas, esta capacidad se manifiesta en forma de una consecuencia positiva o negativa. Una vez más, es la acción mental en sí lo que es el karma, y no la consecuencia subsiguiente.

Cuando hablan del karma, los textos en pali muchas veces utilizan el término *acción volitiva*, que muestra una imagen del karma completamente distinta. La acción volitiva es una culminación de ignorancia y ansia, y claramente implica la participación de cierto tipo de voluntad. De la ignorancia y el ansia surge el karma, o la acción volitiva, que se representa de forma física o mental.

Las tres etapas del karma

Una acción kármica consta de tres etapas que determinan si es completa o incompleta. Las tres etapas son:

- Intención
- Acción
- Satisfacción

Algunas veces también se incluye una cuarta categoría, la del objeto en sí.

La *intención* es la voluntad, el deseo de hacer algo, tanto si es positivo, negativo o neutro, y tanto si está funcionando aparentemente como si no. Sin una intención, la mente no se dirige a una acción. Después de la intención llega la *acción* en sí, que puede ser física, verbal o mental.

Después de completar la acción, experimentamos un sentido de alivio o de *satisfacción*. Algunas veces, esto se traduce como *regocijo*, pero prefiero utilizar el término *satis-*

facción. Si dentro de una acción volitiva están presentes las tres etapas –la intención de realizar algo, la acción en sí y el sentido de satisfacción tras su realización– entonces, desde una perspectiva budista, existe una acción completa.

Podríamos pensar que muchas acciones son incompletas porque muchas veces parece que hacemos las cosas sin una intención. Sin embargo, esto sería malinterpretar lo que se entiende por *intención* en este contexto. La intención no sólo significa las motivaciones de las que somos plenamente conscientes. La intención también se puede referir a unos impulsos más inconscientes, donde no hacemos un esfuerzo especial por crearlos. Nuestras motivaciones pueden surgir de manera espontánea de las preocupaciones inconscientes.

Por ejemplo, si algo cae de un tejado, nuestra reacción espontánea es levantar las manos para protegernos. Esta acción es totalmente inconsciente y procede de nuestro hábito profundo e instintivo de autoprotección. Aunque en nuestras acciones diarias es posible que no exista una intención deliberada por la cual elegimos de manera consciente nuestras acciones, en un nivel inconsciente y habitual esto está sucediendo en todo momento.

Podría darse el caso de que emprendamos una acción de manera accidental y, sin embargo, todavía experimentemos cierto grado de satisfacción. Podríamos mencionar algo a alguien que no nos gusta y que le pueda herir. Nuestro objetivo consciente no era hacer eso, pero, tras ver su turbación, nos sentimos satisfechos. Aunque la intención inicial se ha perdido, el sentimiento todavía es parte tanto de la acción como de la finalización y, por tanto, sigue siendo karma.

Además, en otro nivel, mientras estamos cometiendo esa acción, debe haber intención porque, mientras existe la consciencia, está presente la intención. Según el budismo, mientras haya consciencia, están operando de manera simultánea seis tipos de mentes y, algunas veces, hasta treinta y dos. Una de ellas es la intención. Como todas esas mentes se suceden simultáneamente, no es necesario que exista una secuencia deliberada: por ejemplo, no es necesario que primero haya una intención y después una acción. La intención está continuamente presente durante toda la actividad, y como la intención está presente, creamos karma.

Sin embargo, si existe una secuencia clara cuando actuamos –primero la intención, luego la acción y luego la satisfacción– el resultado será distinto al que se produce en una acción que no sigue una secuencia definida. Si hacemos algo sin pensar, sin una intención premeditada, el resultado no será tan notable como lo sería si hubiéramos tenido una intención de antemano.

Pensemos en dos personas, una con una mente atormentada y otra cuya mente es completamente normal. Las dos cometen un asesinato. Supongamos que la persona que tiene la mente atormentada lo hace fruto de una reacción espontánea, mientras que la otra persona lo planea de antemano con una clara intención. El resultado de esas dos acciones kármicas será diferente, porque la intención es muy distinta. Para el primero, se ha cometido un asesinato pero, como una de las tres etapas está ausente, el resultado no será tan notable.

De igual modo, si nos arrepentimos sinceramente por haber cometido una mala acción en lugar de sentir satisfacción, el resultado será menos notable. Sin embargo, eso no significa que baste con pronunciar una serie de palabras de arrepentimiento. No se puede engañar a la ley del karma tal y como se hace con la ley de los hombres.

El karma que impulsa y el karma que completa

El *karma que impulsa* o *lanzador* es el karma que tiene el poder de dirigirnos a nuestra vida futura. Por tanto, está en gran medida conectado con el tercer tipo de ansia, el ansia por la existencia. Esta ansia es muy activa justo antes de que sobrevenga la muerte cuando, de manera inconsciente o subconsciente, nos damos cuenta de que esta vida se nos está escapando de las manos. Sin embargo, este karma funciona constantemente, y no sólo en ese momento. Tanto si nos aferramos a esta vida o a la vida siguiente, todos tenemos el profundo deseo de existir. Cuando nuestros actos están motivados por ese tipo de deseo, la acción se convierte en karma que impulsa.

El *karma que completa* está relacionado con el ansia por los placeres sensuales, el primero de los tres tipos de ansia que siempre está presente. La simple existencia nunca es suficiente; dentro de esa existencia ansiamos los objetos sensoriales que nos producen placer y ese deseo nos lleva a actuar para acumular más y más objetos de deseo.

Muchas veces se dice que el karma que impulsa es el karma que nos empuja a la siguiente vida, y el karma que completa es el karma que determina el tipo de vida que experimentaremos. Pero, en mi opinión, es un poco más complejo que eso, que los dos deseos —el ansia por la existencia y el ansia por los placeres sensuales— actúan juntos para hacernos ser como somos. Un ser humano es una suma compleja de constituyentes físicos y mentales y lo que somos —nuestras inclinaciones, afinidades, irritaciones, rasgos, toda nuestra personalidad— se manifiesta a través de una combinación de esos dos tipos de karma.

Las impresiones kármicas

La experiencia de las cosas placenteras y no placenteras no es karma. El karma es la acción que provocó la experiencia. La impresión o predisposición (en tibetano, *pak chak*) dejada en nuestra corriente mental por esa acción ha madurado debido a la unión de las causas y las condiciones.

Como ya comenté brevemente, las predisposiciones o impresiones kármicas pueden ser no contaminadas o contaminadas, pero casi siempre hablamos de las impresiones kármicas contaminadas. Para poder ampliar nuestra comprensión de este tema, examinaremos cómo se crean las impresiones kármicas, dónde tienen su base y qué es lo que son.

En primer lugar, y esto es de suma importancia, es la mente la que crea las impresiones y no la materia. Abusar o atacar físicamente a alguien no crea impresiones kármicas. Sin embargo, la mente que motiva esas acciones *sí* crea impresiones kármicas. En este caso, la *mente* se refiere a una de las seis consciencias: nuestras cinco consciencias sensoriales y nuestra consciencia mental[18].

Eso no significa que cada uno de los ejemplos de actividad mental cree impresiones kármicas. Tampoco cada una de las consciencias tiene esa capacidad, debido a la extrema brevedad de la consciencia o a su falta de claridad. Si, por ejemplo, la consciencia visual establece contacto con un objeto durante una fracción de segundo, es probable que *aprehenda*, pero no *determine*, ese objeto. Esto significa que la imagen del objeto aparecerá en la consciencia, pero durante un periodo de tiempo demasiado breve como para ser registrado. En este caso, no producirá la impresión suficiente para que la consciencia visual tenga un tipo de experiencia similar en el futuro. En otras palabras, no se ha creado una impresión kármica.

De igual modo, la duración de una consciencia puede ser larga pero, debido a la falta de claridad de esa consciencia, no se crea una impresión. Una persona podría estar leyendo un libro con concentración mientras suena una canción en la radio. Puesto que la consciencia visual es el foco principal, la consciencia auditiva de esa persona aprehende la canción, pero la claridad de esa consciencia es demasiado débil como para llegar verdaderamente a determinarla. Si alguien le pregunta más tarde si estaba sonando en la radio una canción en particular, simplemente no lo sabrá. Esa consciencia auditiva en este ejemplo, por culpa de la falta de claridad, no tiene la capacidad suficiente como para crear impresiones kármicas.

Sin embargo, en general, cuando una consciencia se da con cierta fuerza, se crea una predisposición, ya sea para una continuación del mismo tipo de consciencia o para que se produzca un resultado en el futuro. Aunque una acción física o mental pueda estar perfectamente asociada a esa consciencia, es la mente la que crea el karma y, por tanto, la impresión kármica.

Muchas escuelas filosóficas budistas coinciden en la forma en la que se crean las impresiones kármicas, pero las opiniones difieren respecto al lugar donde residen. Algunos expertos utilizan la palabra *almacenadas* para referirse a las impresiones, pero pienso que esto da la sensación de que son una entidad física. No son entidades físicas, y no hay un área física en donde podamos encontrarlas.

Nuestras acciones mentales dejan impresiones a corto y largo plazo en la corriente mental. Muchas escuelas afirman que las impresiones a largo plazo se basan únicamente en la consciencia mental, que tiene la cualidad de continuar día tras día, año tras año y vida tras vida, mientras que las impresiones a corto plazo se pueden basar en las consciencias sensoriales como la conciencia visual, auditiva, y así sucesivamente.

Se afirma que, aunque las consciencias sensoriales no pueden albergar predisposiciones a largo plazo, pueden producir consciencias de tipo parecido. Una consciencia visual que capta una flor hermosa, lo que hace que sintamos alegría, creará una predisposición a que en el futuro aparezca un tipo parecido de consciencia. Sin embargo, esta impresión no dura mucho y cesará porque, por naturaleza, las consciencias sensoriales son inestables.

Cuando se pierde la base, esas predisposiciones también desaparecen. En otras palabras, como las consciencias de los cinco sentidos físicos dependen de un cuerpo físico, cuando los poderes sensoriales se desintegran junto a la desintegración del cuerpo físico en el momento de la muerte, también cesará cualquier predisposición restante de las consciencias sensoriales. Éste no es el caso de la consciencia mental, que no depende de un cuerpo físico burdo. Las propensiones creadas en la consciencia mental continúan después de la muerte del cuerpo físico.

Normalmente, cuando hablamos de impresiones kármicas, nos referimos a aquéllas que están asociadas a la consciencia mental que pasa de vida en vida y, por tanto, puede albergar impresiones kármicas a largo plazo. El criterio principal para ser una base de impresiones kármicas es que la consciencia debe ser estable, continuando año tras año y vida tras vida y debe ser, por naturaleza, neutra: ni positiva, ni negativa y no puede cambiar de una forma a otra.

Mucho se ha debatido sobre qué tipo de consciencia es. Muchas escuelas afirman que es la propia consciencia mental sutil, la parte más profunda de nuestra mente, la que pasa de una vida a otra. La cuarta de las escuelas filosóficas budistas, la Prasangika Madhyamaka (Camino Medio, la Consecuencialista), asegura que, en realidad, el mero "yo" es la base de las impresiones kármicas. Sin embargo, la escuela Chitamatra afirma que una consciencia completamente independiente es el repositorio de las impresiones, una consciencia a la que llamamos la *consciencia que es la base de todo*.

Por último, una vez entendido cómo se crean las impresiones kármicas y dónde tienen su base, necesitamos saber lo que son. Por definición, una impresión kármica es el potencial producido por una de las seis consciencias que, en el futuro, traerá su propia continuación o uno de los tres tipos de resultado: el resultado que madura, el resultado medioambiental y el resultado que es parecido a la causa.

Básicamente, lo que esto significa es que cuando aparece una consciencia, es energía, y como energía, tiene un potencial. Este potencial puede ser la capacidad de producir la continuación de la propia consciencia: un momento de consciencia visual produce de manera natural el potencial para que se produzca el siguiente momento de consciencia visual, o la mente del amor crea la energía para que continúe la mente del amor. También puede dejar la semilla para el desarrollo futuro de uno de los tres tipos de resultados mencionados arriba. Por ejemplo, la mente que crea el acto de asesinar también crea el potencial de experimentar el *resultado que madura* y ser asesinado, el *resultado medioambiental* de renacer en un lugar árido, o el *resultado que es parecido a la causa*, en otras palabras, la predisposición o tendencia a matar de nuevo. Así es como se perpetúa el ciclo.

Otra forma de analizar esto es fijándonos en los cuatro tipos principales de impresiones kármicas contaminadas: la predisposición de la repetición, la predisposición de la visión del aferramiento a un yo autoexistente, la predisposición de las experiencias samsáricas y la predisposición de factores similares.

La predisposición de la repetición es simplemente eso: la energía de una acción kármica crea el potencial para se siga produciendo. Un momento de ira contiene en su interior la semilla para crear otro momento de ira. Es la naturaleza fundamental de la acción la que crea la energía necesaria para repetirse.

La segunda, *la predisposición del aferramiento a un yo autoexistente* se refiere a la mente que en base a los cinco agregados se aferra a un "yo" o ser con existencia intrínseca. Cada una de las acciones mentales está acompañada por este sentido subyacente de un "yo" sólido y real. Esta percepción contamina hasta a los actos más virtuosos. Esta predisposición contiene dentro de ella la energía necesaria para repetirse y, de ese modo, la visión de un "yo" intrínseco se autoperpetúa.

El tercero, *la predisposición de las experiencias samsáricas*, se refiere a cualquier tipo de mente que experimentemos en contacto con las cosas samsáricas. La mente que se apega a las comodidades o que siente aversión a las turbaciones, que ansía las posesiones o que siente pavor por la pobreza, nos mantiene confinados en el samsara y lleva consigo la capacidad de producir mentes similares. En particular, en el último momento de nuestra vida, tenemos una mente que siente un terrible pavor de la exterminación y, por tanto, da un salto a ciegas para aferrarse a la siguiente experiencia samsárica, el primer momento de la siguiente vida.

El último tipo de impresión kármica contaminada, *la predisposición de los factores similares*, se refiere al potencial para experimentar, como consecuencia, una experiencia similar. Por ejemplo, la consciencia visual percibe una cosa hermosa u horrenda y produce la predisposición a experimentar un tipo parecido de experiencia placentera o desagradable en el futuro. Mientras la primera predisposición se ocupa de la repetición inmediata en lo que se podría describir como un continuo, esta otra se ocupa del mismo tipo de mente que aparecerá en el futuro, cuando se encuentre con las causas y las condiciones propicias.

Examinemos este punto: ¿Son innatas las impresiones kármicas no contaminadas y las impresiones kármicas contaminadas —es decir, una parte natural de nuestra mente— o son una creación nueva, en otras palabras, aparecieron como resultado de una acción mental pasada? Dentro de este debate encontramos tres posturas. Algunos Maestros buditas afirman que todas las impresiones kármicas son innatas; algunos insisten en que todas ellas son recién creadas. Por último, algunos postulan que, por naturaleza, dentro de nosotros están presentes ciertos tipos de impresiones kármicas y que otros tipos son de creación reciente. La postura de la escuela Gelug, que es la tradición tibetana que yo estudié, es la tercera.

Cada una de las escuelas piensa que es posible alcanzar la Iluminación, pero la escuela Gelug afirma que las impresiones kármicas que hacen posible que nos convirtamos en seres Iluminados han estado con nosotros desde siempre. Se encuentran en el corazón de nuestra propia existencia y, por tanto, son innatas. De igual modo, en nuestro estado no Iluminado es posible padecer sufrimiento y esa capacidad de sufrir también ha estado con nosotros desde tiempos inmemoriales. Por tanto, esto también es innato. Mientras exista una consciencia, existirán estas dos capacidades: la capacidad para convertirnos en seres Iluminados y la capacidad para padecer sufrimiento. Ninguna de las dos fue creada como consecuencia de alguna consciencia anterior y, por tanto, no se puede afirmar que son recién creadas.

Sin embargo, más allá de esas dos amplias posibilidades, la verdadera capacidad para crear todas las acciones que nos llevarán a convertirnos en seres Iluminados o a experimentar sufrimiento, dolor y vida samsárica *se crean* dentro del marco de la consciencia. Por tanto, según la tradición Gelug, algunos niveles de potencial están presentes de manera natural y otros niveles son de creación reciente.

El origen del sufrimiento se encuentra dentro del propio sufrimiento

¿De dónde procede el sufrimiento? Cuando investigamos un problema que tenemos entre manos, somos capaces de identificar una causa en particular, pero si analizamos su origen, inevitablemente encontraremos que la causa en sí era el producto de una mente errónea. No podemos experimentar un sufrimiento que no esté causado por una mente engañosa. Si pudiéramos analizar el origen de esa mente errónea, encontraríamos que se debió a la existencia de otro nivel de engaño más profundo en nuestra corriente mental. Por ejemplo, los problemas que tenemos en el trabajo podrían estar provocados por un sentimiento de celos, que a su vez podrían estar provocados por una falta de autoestima, que a su vez se debe a la incapacidad para comprender la ley de causa y efecto. Además, ese problema probablemente agravará nuestra falta de autoestima, que es la causa que nos lleva a caer cada vez más en la existencia cíclica.

De hecho, si tuviéramos la perspicacia necesaria, sin lugar a dudas llegaríamos a la misma conclusión a la que llegó Buda: el origen del sufrimiento emerge desde el interior del propio sufrimiento. No son algo separado. El sufrimiento y el origen del sufrimiento dependen el uno del otro para su existencia. Walpola Rahula afirma que éste es uno de los puntos más importantes y esenciales de las enseñanzas budistas[19].

Por ejemplo, nuestros agregados en esta vida son el resultado de una serie de engaños y de karmas anteriores. Por tanto, esta vida presente se encuentra en la naturaleza del sufrimiento o dukkha. Sin embargo, nuestra vida actual no es pasiva, sino que es activa. Como se encuentra bajo el poder del engaño, es el origen del sufrimiento, porque crea las causas que dan lugar al resultado del sufrimiento, tanto en esta vida como en la vida futura. Por tanto, no existe una demarcación claramente establecida entre el origen del sufrimiento y el sufrimiento en sí. En muchos casos, aunque son causa y efecto, son coexistentes.

Nuestro sufrimiento presente es una consecuencia del sufrimiento anterior y también es la causa del sufrimiento futuro. Mientras la mente engañada esté presente, no se puede escapar de este ciclo. Ésta es la clave para comprender el samsara.

TRATAR LAS EMOCIONES AFLICTIVAS

La verdad del origen del sufrimiento consiste en la relación entre la ignorancia, las emociones aflictivas y las acciones kármicas. La ignorancia conduce a las emociones aflictivas, que a su vez hacen que tenga lugar la acción kármica. Las emociones aflictivas y la ignorancia, tal y como hemos visto, muchas veces se agrupan bajo el nombre de *engaños*. De entre las dos, las emociones aflictivas desempeñan el papel más importante para mantenernos en este estado de no Iluminación. Por supuesto, ambas están conectadas entre sí y cuando tratamos de eliminar a una, siempre afecta a la otra.

En general, los pensamientos y las emociones aflictivas se definen como esos estados mentales cuya simple existencia crea una turbación inmediata dentro de nuestra mente. Esta turbación es una aflicción, porque no es placentera, y es una mente engañada porque no está de acuerdo con la realidad. Todas las emociones aflictivas están acompañadas de un cierto grado de malinterpretación de la realidad.

Todas las escuelas filosóficas budistas están de acuerdo en que los estados mentales negativos, como el apego, la ira o los celos, son malinterpretaciones, pero existen una serie de diferencias acerca de lo que es la malinterpretación de la realidad. La escuela Prasangika Madhyamaka afirma que algunos tipos de mente son emociones aflictivas y otras escuelas afirman que no lo son. Un ejemplo de ello es el concepto clave de la ausencia de autoexistencia en la cual se rebate la existencia de un "yo", de una entidad intrínseca. Las dos escuelas inferiores creen que hay *algo* ahí, algo intrínsicamente existente, porque creen que un ser ordinario es capaz de percibir las cosas y los sucesos con un cierto grado de validez. Pero las dos escuelas superiores afirman que ningún fenómeno existe verdaderamente; ver las cosas y los sucesos como algo que existe por sí mismos es una percepción errónea.

Supongamos que nos sentimos atraídos por una flor hermosa. Las dos escuelas inferiores dirían que una flor hermosa que existe intrínsicamente existe. Postularían que no hay nada erróneo en el modo en el que nuestra consciencia visual percibe la flor: es el apego lo que es una emoción aflictiva. Por el contrario, las dos escuelas superiores afirmarían que hay algo erróneo en la percepción de la flor. Examinaremos esto con más profundidad en el comentario de la última noble verdad, la verdad del sendero, pero la menciono ahora porque, para abandonar las emociones aflictivas, necesitamos saber cómo aparecen en nuestro interior.

Emociones aflictivas adquiridas e innatas

Las emociones aflictivas se generan a través de los sistemas de creencias de nuestra cultura, a través del aprendizaje, o pueden ser innatas. A diferencia de las emociones aflictivas que aparecen racionalmente, que para despertarlas es necesario realizar un esfuerzo, las emociones aflictivas innatas aparecen inconscientemente y existen sin ninguna razón o esfuerzo aparente. De las dos, las más fáciles de eliminar son las emociones aflictivas adquiridas.

Si aparece una emoción aflictiva como consecuencia de un punto de vista cultural o filosófico, entonces, examinándola de manera racional, es posible eliminarla. Un ejemplo muy sencillo es el sacrificio de animales. Todavía hoy los practicantes de algunas religiones de la India matan animales para sacrificarlos y ofrecer la sangre a sus dioses, creyendo que ese tipo de cosas les traerá abundancia o fama o agradará a sus deidades y que a través de esta actividad obtendrán lo que desean. Aquéllos que mantienen ese tipo de creencias están influidos por las opiniones dominantes de su cultura. Si son capaces de ver de manera racional que este tipo de actos, en lugar de aumentar su felicidad, en realidad lo que hacen es incrementar su sufrimiento, dejarán de aferrarse a ese tipo de cosas y las emociones aflictivas correspondientes cesarán.

La forma directa de eliminar esas emociones negativas, que son concepciones erróneas basadas en malinterpretaciones, es explorar de manera racional la forma de pensamiento opuesta. Cuando las personas ven que matar animales no es la forma de alcanzar la felicidad, se despojan de esa manera de pensar y, de ese modo, la emoción aflictiva resulta comparativamente fácil de abandonar.

Las emociones aflictivas innatas, o que aparecen de manera inconsciente, son mucho más difíciles de eliminar, porque están producidas por nuestra ignorancia innata y aparecen sin necesidad de recurrir a un pensamiento racional. Como consecuencia de los hábitos, creencias y acciones de nuestras vidas anteriores, ese tipo de aflicciones aparecen en esta vida sin necesidad de que exista ninguna otra influencia externa, y se integran completamente en nuestros procesos de pensamiento.

A pesar de la dificultad que conlleva tratar con ellos, el proceso es exactamente el mismo. Primero debemos comprender de manera lógica que algo como el apego al placer es la causa de nuestro sufrimiento y no de nuestra felicidad. A continuación, debemos esforzarnos por integrar ese principio a nuestra corriente mental.

Tal y como vimos en la sección de la primera noble verdad, la existencia de todos los seres en un estado no Iluminado es consecuencia del dominio de las emociones aflictivas. Mientras esto siga siendo así, resultará imposible alcanzar la felicidad. Sólo cuando comprendamos realmente cómo funciona este ciclo, comenzaremos a ver las emociones aflictivas como el verdadero enemigo, y como la fuente de todos los problemas y dificultades que padecemos.

Shantideva dijo que tener emociones aflictivas es como tener una cobra enrollada en el regazo: mientras la cobra esté allí, no habrá forma de sentirse seguro. Me gusta esta analogía. Hablando desde la perspectiva de alguien que ha visto una cobra, ese ejemplo tiene mucho sentido para mí. Para los seres no Iluminados como nosotros, desde el mismo momento en el que nos levantamos por la mañana, nos encontramos bajo el poder de esas emociones aflictivas. Mientras estén presentes, no puede darse ninguna felicidad ni ninguna libertad real: necesitamos ser conscientes en todo momento de lo poderosas que son las emociones aflictivas y de hasta qué punto vivimos bajo su influencia.

Normalmente, en nuestra vida cotidiana pensamos en el *abandono* desde el punto de vista físico, en despojarnos de algo, pero abandonamos esas emociones aflictivas a través de la atención constante de lo que hacemos y del conocimiento de que, mientras estemos bajo su influencia, no hay manera de disfrutar de la felicidad. Es preciso ver las emociones aflictivas que nos atrapan completamente como algo que debe ser eliminado ya mismo, de igual modo que nos apartaríamos de una serpiente que se encuentra en nuestro regazo.

Para poder abandonar las emociones aflictivas que aparecen de manera inconsciente, incluso en la forma de potencial, es necesaria la aplicación constante de una serie de antídotos, como la meditación en la vacuidad. Sólo una gran coherencia y una gran fuerza pueden eliminar esas predisposiciones tan sutiles y arraigadas, que actúan como el origen del sufrimiento.

Los diez actos no virtuosos

Las acciones kármicas son reacciones a nuestras emociones aflictivas. Aunque parece lógico pensar que deberíamos eliminar nuestras acciones kármicas yendo más allá de sus causas, las emociones aflictivas, éste no es el modo en el que funcionan las cosas en la práctica. Las emociones aflictivas están tan asentadas y nuestros hábitos están tan arraigados que al principio resulta difícil afrontarlas directamente, así que comenzamos por ocuparnos de nuestra conducta. Al reducir nuestras acciones kármicas negativas, reducimos lentamente el influjo que las emociones aflictivas ejercen en nosotros.

Las acciones kármicas sólo se pueden crear a través de lo que los budistas denominan las tres puertas: el cuerpo, el habla y la mente. Como completos principiantes que somos, debemos prestar atención a las tres puertas, observando los tipos de acciones que emprendemos con nuestro cuerpo, las conversaciones que mantenemos en nuestras interacciones diarias con los demás y, por supuesto, los pensamientos que surgen de nuestra mente.

Un punto de partida lógico desde donde empezar el proceso de abandono de las acciones kármicas negativas es tratar de evitar las diez acciones no virtuosas. Esto parece muy básico, pero sería un grave error pensar que evitar las diez acciones es tan sólo una práctica elemental. Tal vez los grandes practicantes pueden ignorarlas porque la virtud es su segunda naturaleza, pero como principiantes que somos, debemos prestar atención en todo momento a ellas. Se dice que el método que emplea el budismo para evitar las diez acciones no virtuosas con la intención de alcanzar la Liberación o la Iluminación es aferrarse a sus opuestos: las diez acciones virtuosas. Por supuesto, es algo muy positivo evitar matar y hacer cosas parecidas, pero cuando se hace con la motivación de alcanzar la Iluminación, se convierte en una práctica del Dharma muy poderosa. Las diez acciones no virtuosas son:

Matar	
Robar	
Conducta sexual	Acciones físicas
inapropiada	

<table>
<tr><td>Mentir
Difamar
Palabras duras
Charlatanería</td><td>}</td><td>Acciones verbales</td></tr>
<tr><td>La codicia
La malicia
Las ideas erróneas</td><td>}</td><td>Acciones mentales</td></tr>
</table>

Matar es la acción no virtuosa más grave de todas, porque quitar la vida a otra persona es la acción más dañina que podemos llevar a cabo. Aunque los seres humanos amamos nuestro hogar o nuestras posesiones, nuestras vidas son la cosa más preciosa que poseemos y la última cosa de la que querríamos desprendernos. Sin embargo, los seres humanos no son los únicos a los que no deberíamos matar, sino a todos los seres vivos, a todos los seres que tienen sentimientos y que, por tanto, tienen la capacidad básica de sufrir. Aunque la mayoría de nosotros no cometeríamos de manera consciente un acto tan destructivo como un asesinato, el simple hecho de dañar el cuerpo de otra persona supone dar un paso hacia esa dirección, así que deberíamos abandonarlo completamente.

La segunda acción física no virtuosa es robar. Con esto nos referimos a los actos burdos de robar, como el allanamiento de morada y el atraco, pero también incluye cualquier acto que suponga tomar algo sin permiso que pertenezca a otra persona. Desde ese pedazo de tarta de chocolate que tu compañero de cuarto guarda en el frigorífico hasta un disquete de la oficina: a menos que sea algo que te hayan ofrecido de alguna manera, se considerará como robo. De una manera o de otra, tomar lo que no es nuestro causará, sin lugar a dudas, un daño a los demás. Buda dijo que esto se aplica a cualquier cosa que sea más grande que un grano de arroz, así que todos deberíamos tener mucho cuidado de no cometer este acto no virtuoso.

La conducta sexual inapropiada significa hacer daño a otra persona a través del sexo. Obviamente, la violación es un ejemplo claro de ello, pero desde el abuso sexual de adolescentes hasta la política sexual de un matrimonio –desde exigir sexo de manera airada hasta mantener sexo en un intento de manipular a otra persona– cada vez que utilizamos el sexo o la amenaza del sexo para hacer daño a alguien de alguna manera, se considera conducta sexual inapropiada. Ésta es una importante causa de daño emocional en la vida de las personas.

Entre las acciones no virtuosas relacionadas con el habla, contar mentiras es la primera de ellas. Una vez más, necesitamos considerarlo más allá de un acto patente de decir algo que no es cierto. Mentir es cualquier cosa que digamos (o no digamos) que tenga la intención de engañar a los demás. Permanecer en silencio cuando podríamos aclarar un malentendido se considera parte de esta acción no virtuosa.

Difamar es cualquier acción verbal que, de alguna manera, causa una fricción entre personas. Aquí se incluye decir algo deliberadamente con la intención de separar a un grupo o a una asociación. En particular, dividir la Sangha se considera una acción no virtuosa muy importante. Sin embargo, la difamación normalmente es algo mucho más sutil que todo eso, como el hecho de que alguien propague una serie de rumores sobre una pareja movido por los celos.

Proferir palabras duras, sin lugar a dudas, es dañino, tanto si el daño se encuentra en el lenguaje en sí como si se encuentra en la intención que subyace a las palabras. Y, mientras que la última acción verbal no virtuosa, la charlatanería, podría parecer que es la menos ofensiva de todas, en algunos casos es la más peligrosa, porque es la que solemos realizar con mayor frecuencia. Quizás las palabras que decimos no son directamente dañinas, pero pensemos en las horas que malgastamos en decir cosas sin sentido, especialmente si extendemos la definición de esta acción no virtuosa e incluimos dentro de ella el acto de ver telenovelas.

La última "puerta" a través de la cual cometemos acciones negativas es la mental y, por supuesto, es la más dañina de todas, porque es la mente la que motiva todas las demás acciones. La intención dañina y codiciosa puede o no conseguir que otra persona sufra un daño físico, pero seguramente nos hará daño a nosotros mismos.

Las ideas erróneas son el mayor peligro, porque todas las demás acciones no virtuosas emergen de ésta. Por lo general, las ideas erróneas significan negar verdades básicas como la ley de la causa y el efecto. Por supuesto, todos creemos en la ley de causa y efecto, pero, si somos verdaderamente sinceros con nosotros mismos, casi nunca actuamos como si lo hiciéramos. Si simplemente *saber* que cierta acción nos causará sufrimiento en el futuro significara que nunca haríamos esa acción de nuevo, entonces inmediatamente dejaríamos de cometer cualquiera de esas diez acciones no virtuosas.

Ocuparnos primero de las más evidentes

Por tanto, debemos prestar atención a las tres puertas del cuerpo, del habla y de la mente en nuestra vida diaria para poder reducir las acciones no virtuosas y controlar nuestras acciones kármicas. Necesitamos jugar con nuestros pensamientos, engañarlos un poco si fuera necesario. Esto es como las personas que quieren dejar su adición a la nicotina llevando un parche. Si eso funciona, en realidad no importa si los productos químicos que contiene el parche son eficaces o si es sólo un placebo para ayudar a la mente. Algunas veces necesitamos engañar a nuestros pensamientos, porque reducir las acciones kármicas negativas es la única posibilidad que tenemos de afrontar nuestras emociones aflictivas.

En última instancia, es preciso cortar la raíz de nuestro sufrimiento, nuestra ignorancia básica, pero no es realista pensar que podemos ir directamente a esa raíz. Existe una secuencia definida que nos permite liberarnos a nosotros mismos del sufrimiento, en *Las cuatrocientos estrofas* (*Chatushataka*), Aryadeva explica que debemos ocuparnos en primer lugar de los niveles más esenciales, ocupándonos de manera consciente y determinada del hábito negativo que nos atormenta más. Si son los celos, entonces los celos es lo que debemos esforzarnos por reducir y eliminar. Las aflicciones más sutiles saldrán a la luz sólo después de haber comenzado a someter a las más burdas.

Cuando me encontraba en el monasterio de Sera tuvimos que talar una higuera muy antigua para poder construir nuestro jardín donde celebramos los debates. Las ramas de una higuera crecen hacia abajo y se convierten en raíces, lo que hace que esos árboles puedan llegar a alcanzar un tamaño considerable. De hecho, en el sur de la India, existe un famoso anuncio que pretende promocionar el turismo en el país donde aparece un árbol que cubre cuatro hectáreas. Los monjes más jóvenes y fuertes pensaron que lo primero que había que hacer era cortar el tronco principal, pero los monjes más ancianos dijeron que ésa no era la mejor manera de cortarlo, porque tenía muchas ramas y eso podía hacer que dañara a otras cosas. Su método consistía en cortar primero las ramas y después avanzar hacia el tronco principal.

En aquella época estábamos estudiando las emociones aflic-tivas y un monje que era tres años mayor que yo sugirió cortar el tronco del árbol de una vez. Uno de los monjes ancianos le dijo que su forma de hablar no iba en consonancia con sus actos. Al igual que sucede con el árbol, cuando tratamos con la mente necesitamos pasar de lo más burdo a lo sutil, paso a paso. De ese modo, se podía abandonar tanto el origen de las emociones aflictivas como el origen de las acciones kármicas.

Solo comprender lo terriblemente perjudicial que resulta fumar, probablemente no nos hará dejar el hábito, ya que es algo que se debe hacer lentamente. De igual modo, una persona que se enfada con facilidad podría muy bien saber lo perjudicial que es, pero durante mucho tiempo tendrá que emplear toda su determinación para dejar de hacer esa acción tan nociva conectada con la aversión, aunque el enfado no haya desaparecido de la mente. Primero se abandona la manifestación del enfado y, a continuación, el enfado en sí. Así se va de lo más burdo a lo sutil.

Cuando alguien desea abandonar la verdad del origen del sufrimiento, debe dar importancia, en primer lugar, al primer aspecto, el origen de las acciones kármicas. Comprender la importancia que tiene esforzarnos constantemente para reducir las acciones desmañadas nos ayudará a reducir nuestra negatividad. Por el contrario, tratar de llegar a la raíz mientras nos dejamos llevar completamente por las acciones negativas simplemente no funciona.

LOS DOCE ESLABONES DE ORIGINACIÓN DEPENDIENTE

Podemos comprender cómo funciona la verdad del origen del sufrimiento para producir la verdad del sufrimiento a través de la enseñanza llamada los *doce eslabones de originación dependiente*. Esta enseñanza explica la esencia del mecanismo que produce las dos series de causa y efecto (sufrimiento y origen, cesación y sendero).

Los doce eslabones son los eslabones de una cadena, un círculo cerrado, que representa la existencia cíclica. Esto se simboliza en la ilustración tradicional de la rueda de la vida. En ella podemos ver los seis planos de existencia determinados por los tres venenos que se encuentran en el eje de la rueda: el cerdo representa la ignorancia, el gallo el deseo y la serpiente la aversión. En el borde exterior de la rueda se encuentran los doce eslabones, empezando por el hombre ciego (que representa la ignorancia) en la parte superior y, moviéndonos en el sentido de las agujas del reloj hasta llegar al último vínculo, el cadáver (que representa la vejez y la muerte). Todos ellos se encuentran dentro de las garras y las fauces de Yama, el Señor de la Muerte.

Nuestra ignorancia fundamental produce la voluntad de actuar (karma) que se convierte en la causa del sufrimiento. Un estado causal produce un estado resultante, que en sí mismo es la causa que produce un resultado, y así sucesivamente hasta el infinito. Las enseñanzas de los doce eslabones son muy útiles para ayudarnos a comprender con claridad cómo estamos inmersos en un círculo de sufrimiento infinito.

Mientras estemos bajo el poder del karma y de los engaños, el ciclo no tendrá fin.

Los doce eslabones de originación dependiente (con sus representaciones en la rueda de la vida) son:

- La ignorancia (el ciego)
- El karma (el alfarero)
- La consciencia (el mono)
- El nombre y la forma (dos personas en una barca)
- Los seis sentidos (una casa vacía con seis ventanas y una puerta)
- El contacto (una pareja en unión sexual)
- La sensación (un cazador con una flecha en el ojo)
- El aferramiento (un borracho)
- El ansia (un mono recogiendo fruta)
- La existencia (una mujer dando a luz)
- El nacimiento
- La vejez y la muerte (un cadáver)

Para poder comprender cómo funciona la primera serie de causa y efecto –el sufrimiento y el origen–, examinamos los doce eslabones en orden ascendente, viendo cómo el primer eslabón (la ignorancia) conduce al segundo (el karma), y así sucesivamente hasta llegar al duodécimo (la vejez y la muerte). Entonces, para comprender la segunda serie –la cesación y el sendero– y cómo la verdad del sendero corta la existencia cíclica y, por tanto, es la causa de la cesación, podemos invertir el orden de los doce eslabones, colocando el último eslabón (la vejez y la muerte) en primer lugar. Si no queremos envejecer y morir, debemos eliminar el eslabón número once (el nacimiento), y para poder hacerlo debemos eliminar el décimo (la existencia), y así sucesivamente.

Cómo actúan los doce eslabones en tres vidas

El *Sutra de la Planta de Arroz* en el cual Buda nos habla de la originación dependiente dice:

A raíz de la existencia de esto, surge aquello.
A raíz de la producción de esto, se produce aquello.
Por tanto: a raíz de la ignorancia, existe la acción;
a raíz de a la voluntad propia, surge vla consciencia.

La Rueda de la vida

Los doce vínculos de originación dependiente- tres vidas

Pasado		Presente			Futuro
Causa		Efecto (La verdad del sufrimiento)	Causa (La verdad del origen)		Efecto
Ignorancia 1	Karma 2	Cosnciencia (3) Nombre y forma (4) Seis sentidos (5) Contacto (6) Sensación (7)	Aferramiento (8) Ansia (9)	Existencia (10)	Nacimiento (11) Vejez y muerte (12)
Aferramiento (8) Ansia (9)	Existencia (10)	Nacimiento (11) Vejez y muerte (12)	Ignorancia (1)	Karma (2)	Consciencia (3) Nombre y forma (4) Seis sentidos (5) Contacto (6) Sensación (7)
Engaños	Karma	Resultado	Engaños	Karma	Resultado

Aunque es un tema muy importante en sí mismo, los doce eslabones de originación dependiente también pueden estudiarse como una expansión de la explicación de las dos primeras nobles verdades. Esta enseñanza se puede entender desde dos perspectivas: mostrando cómo la primera y la segunda noble verdad están conectadas y mostrando cómo toda la existencia del ciclo funciona gracias a esas dos primeras nobles verdades. Pero, ciñéndonos a lo que nos ocupa aquí, examinaremos muy brevemente el gráfico que aparece en la página 120 para ver cómo los doce eslabones conectan nuestras vidas pasadas, presentes y futuras.

En primer lugar, nos fijaremos en la sección intermedia, nuestra vida presente, en la cual podemos encontrar seis cuadros que contienen todos los doce eslabones. Éstos se dividen en dos: los dos cuadros de la izquierda llamados "efecto" y los cuatro de la derecha llamados "causa". Así, todos estos doce vínculos están presentes en nuestra vida presente, ya sea como causa o como efecto.

Partiendo del cuadro medio inferior, el primer eslabón es la *ignorancia* (1). De la ignorancia pasamos al cuadro de la derecha, el *karma* (2). Estos dos actúan juntos para crear el *aferramiento* y el *ansia* (8 y 9), en el cuadro medio superior. A continuación aparece la *existencia* (10), en el cuadro que se encuentra en la parte superior derecha.

Los dos cuadros medios, la *ignorancia,* el *aferramiento* y el *ansia,* son "engaños", mientras que los cuadros de la derecha, el *karma* y la *existencia,* se encuentran bajo el subtítulo de "karma", demostrando que los engaños y el karma son sus causas.

Aunque podamos experimentar algunos efectos de esas dos causas dentro de esta vida, el efecto principal madurará en nuestra vida futura. La sección que se encuentra a mano derecha del gráfico titulado "futuro" incluye dos cuadros: el *nacimiento* (11) y la *vejez* y la *muerte* (12); y la *consciencia* (3), el *nombre* y la *forma* (4), los *seis sentidos* (5), el *contacto* (6) y la *sensación* (7). Por tanto, pasando de la *ignorancia* en la sección media, el "presente", hacia la sección del "futuro", podremos ver una serie completa de los doce eslabones de originación dependiente.

Volviendo al presente, bajo el título "efecto", se encuentra la *consciencia* (3), el *nombre y la forma* (4), los *seis sentidos* (5), el *contacto* (6) y la *sensación* (7), y a continuación el *nacimiento* (11) y la *vejez y la muerte* (12). Ésos son los efectos de la vida pasada y bajo el título de "pasado" se encuentra una serie completa de "engaños" (*ignorancia y ansia y aferramiento*) y de "karma" (*existencia y karma*). Así, una vez más, los eslabones que se encuentran bajo el título "efecto" en el presente, cuando se combinan con los eslabones que se encuentran bajo el título "pasado" procedentes de nuestra vida pasada, forman una serie completa de los doce eslabones.

Así es cómo funcionan los doce eslabones en nuestra existencia. Aunque todos ellos operan en esta vida presente, también lo hacen de diferentes maneras: algunos son un efecto de los engaños y el karma de nuestra vida anterior, y otros son las causas de los eslabones de nacimiento, vejez y muerte de nuestra vida futura, y así sucesivamente. Aunque, al principio, el gráfico puede parecer un poco confuso, creo que es muy importante estudiarlo y hacernos una verdadera idea de cómo están conectados los doce eslabones con las vidas subsiguientes.

Los doce eslabones en orden ascendente

Partiendo de la sección media del gráfico, el "presente", a continuación veremos los doce eslabones en orden ascendente.

1. *la ignorancia*

En el cuadro inferior medio, la *ignorancia* aparece debajo del título "causa". Existen muchos niveles de ignorancia distintos, pero aquí nos referimos a la ignorancia de los niveles más sutiles de causa y efecto y a la ignorancia de la visión de la ausencia de autoexistencia.

2. *el karma*

El segundo eslabón, que aparece en el cuadro inferior de la derecha junto a la ignorancia, es el *karma* o la acción volitiva. Ya hemos hablado antes del karma, así que no hay necesidad de entrar en detalles. Sin embargo, entre los dos tipos de karma –contaminado y no contaminado– aquí se refiere estrictamente al karma contaminado.

3. *la consciencia*

Siguiendo el orden normal de los doce eslabones de originación dependiente, el siguiente se encuentra en el cuadro superior de la columna "efecto" de la vida presente, donde el tercer eslabón es la *consciencia*. Una vez más, existen varios tipos de consciencia y aquí se refiere principalmente a los niveles de consciencia sutiles que actúan como puente desde esta vida a la siguiente.

4. *el nombre y la forma*

El nombre y la forma se refiere a la concepción, cuando la consciencia del individuo entra en el útero, después de lo cual, se empieza a desarrollar la forma. El *nombre* se refiere al momento en que somos concebidos y los agregados de nuestra siguiente vida comienzan a desarrollarse. Algunos tipos de seres no tienen el agregado de la forma, así que para ellos, en este punto, sólo comienzan a desarrollarse los cuatro agregados mentales, de ahí la división entre los dos aspectos de este eslabón.

5. *los seis sentidos*

Esto también se traduce como *las seis esferas de los sentidos*. En otras palabras, es el desarrollo de nuestras consciencias sensoriales.

6. *el contacto*

Después de desarrollar nuestras conciencias sensoriales, se produce un *contacto* con los objetos sensoriales o mentales.

7. *la sensación*

En esta vida, en cuanto desarrollamos los agregados de cuerpo y forma y nuestras consciencia sensorial entra en contacto con un objeto, comenzamos a experimentar una *sensación*: positiva, negativa o neutra.

8. *el aferramiento*

El octavo eslabón, que se encuentra en el cuadro medio superior, también se puede llamar *apego*. Puedes utilizar el término que te parezca más adecuado. Esto se refiere al fortalecimiento del eslabón anterior, la sensación, cuando la mente se dirige hacia un objeto con apego o con aversión.

9. *el ansia*

El noveno vínculo es el *ansia* o la *codicia*. El aferramiento que sentimos por un objeto se puede hacer muy intenso y esto marca el punto en el que la mente hace algo más que dirigirse al objeto: verdaderamente quiere poseer el objeto en cierto sentido. Esto se denomina ansia. Estos dos eslabones se diferencian por su grado de intensidad y el noveno eslabón representa el grado de mayor intensidad.

10. *la existencia*

El décimo eslabón, la *existencia* o *convertirse*, se encuentra en el cuadro superior derecho. En el momento de morir, cuando el anterior eslabón del ansia o del aferramiento se vuelven muy intensos, se dirige hacia el décimo eslabón de la existencia, próximo a producir el efecto de la siguiente vida.

11. *el nacimiento*

A continuación avanzamos hacia la siguiente sección, el "futuro". El primer eslabón que se encuentra en el cuadro superior es el *nacimiento*. Un ansia intensa se convierte en existencia, que crea el efecto del nacimiento.

12. *la vejez y la muerte*

Inmediatamente después del nacimiento, comienza la *vejez*,

que nos conduce en última instancia a la *muerte*. Por tanto, la vejez y la muerte se incluyen en un solo eslabón.

Este proceso sólo se fija en un ciclo de los doce eslabones de originación dependiente. Si queremos tener en cuenta cómo funciona según la causa y el efecto, deberíamos comenzar en la sección media del "presente" que se encuentra bajo las "causas" y avanzar hacia el futuro. Entonces, veremos que el orden es muy lógico y preciso.

LAS CUATRO CARACTERÍSTICAS DE LA VERDAD DEL ORIGEN

Cada una de las nobles verdades se puede explicar teniendo en cuenta sus cuatro características singulares. Para la verdad del origen del sufrimiento se encuentran:

- Causas
- Origen
- Fuerte producción
- Condición

Estas cuatro características explican el origen de nuestro sufrimiento mostrando cómo el karma y los engaños actúan juntos para poder producirlo. La primera característica, las *causas*, se refiere al hecho de que el karma contaminado y los engaños aparecen constantemente dentro de nuestros continuos mentales y, debido a su naturaleza, tienen la cualidad de ser las causas del sufrimiento. Necesitamos comprender este punto.

Muchas causas y condiciones configuran y determinan nuestra existencia, pero esta segunda noble verdad apunta a la causa fundamental. La segunda característica, el *origen*, indica que las emociones aflictivas y el karma contaminado son el origen verdadero del sufrimiento, no sólo los eslabones intermedios de una cadena de causa y efecto. Tienen la característica de ser el origen del sufrimiento.

La tercera característica es la *fuerte producción*, lo que significa que los engaños y el karma son algo más que simples ingredientes pasivos en la creación del sufrimiento; actúan enérgicamente como sus causas principales. Y, finalmente, la cuarta característica, la *condición*, se añade a ésta, indicando que el karma y los engaños son algo más que las causas principales del sufrimiento, también son las causas contribuyentes. En otras palabras, son todo el problema: la razón completa por la que sufrimos.

CESACIÓN, LIBERACIÓN E ILUMINACIÓN

Las tres fases

"Ésta, oh monjes, es la Noble Verdad de la Cesación del Sufrimiento. Es la total extinción y cesación sin residuos de dicha ansia, su abandono, su descarte, liberarse de ella, no depender de ella.

"Esta Noble Verdad de la Cesación del Sufrimiento debe ser realizada. Así, oh monjes, con relación a cosas desconocidas anteriormente, surgió en mí la visión, surgió el conocimiento, surgió la sabiduría, surgió el verdadero conocimiento y surgió la luz.

"Esta Noble Verdad de la Cesación del Sufrimiento ha sido realizada. Así, oh monjes, con relación a cosas desconocidas anteriormente, surgió en mí la visión, surgió el conocimiento, surgió la sabiduría, surgió el verdadero conocimiento y surgió la luz.

Al igual que sucede con las dos primeras nobles verdades, la tercera noble verdad consta de tres fases. La primera fase describe la naturaleza de la verdad de la cesación, la segunda fase explica qué debería hacer el practicante en relación a la verdad de la cesación, y la tercera fase explica el resultado final o el logro completo, cuando el practicante ha conseguido experimentar esa cesación.

En la primera fase, cuando Buda explica la naturaleza de la verdad de la cesación, afirma que es "la total extinción y cesación sin residuos de dicha ansia". Esta cesación es la cesación completa, de tal modo que nada queda por hacer de las anteriores dos nobles verdades: el sufrimiento y su origen.

Eso es lo que queremos decir cuando hablamos de "dicha" ansia: del ansia que es una de las causas principales del sufrimiento. No se trata de cualquier cesación; es la cesación en nuestra vida cotidiana, en nuestra mente cotidiana, de todos nuestros temores, y de todas las mentes erróneas de las que ya hemos hablado. Cuando se erradica la presencia de estos estados mentales en nuestra corriente mental, alcanzamos la cesación del sufrimiento y de su origen.

En la segunda fase, encontramos la noble verdad de la cesación del sufrimiento que debe ser "realizada", lo que significa experimentar el completo final del sufrimiento y de su origen. Una vez que el practicante experimenta la cesación del sufrimiento y de su origen, esta cesación nunca se deteriora. Los sufrimientos que hayamos experimentado anteriormente no se volverán a experimentar. Una vez realizada, esta cesación es la realización final, el logro, y el resultado. Ésta es la tercera fase.

¿Qué es la cesación del sufrimiento?

Mientras exploramos la tercera noble verdad, la verdad de la cesación, muchos conceptos pueden parecernos demasiado intelectuales, así que siempre conviene recordar que el propósito del estudio sólo es mejorar nuestro entendimiento de cómo funcionan las cosas verdaderamente en nuestra vida diaria para así desarrollarnos de tal manera que podamos volvernos más amables, más bondadosos y más sinceros. La simple intelectualidad es un ejercicio estéril e inútil. Sólo si mejoramos las cualidades positivas del buen corazón y comprendemos la naturaleza de la realidad podemos reducir las emociones que traen problemas y dificultades y dominar poco a poco la mente.

La cesación, tal y como su nombre indica, está relacionada con la supresión: es el final completo de todo nuestro sufrimiento a través de su renuncia, tal y como indica el sutra, hasta que se desvanece en la nada y ya no queda sufrimiento. Sólo conoceremos lo que es la libertad cuando abandonemos nuestra dependencia de este samsara al que vemos como felicidad pero que, en realidad, no es más que sufrimiento.

La aniquilación del ansia que nos mantiene aferrados a la existencia cíclica es, en su nivel más profundo, la aniquilación de nuestra percepción errónea de la realidad. Esto sólo está implícito dentro del sutra. Estamos sujetos a una existencia cíclica por culpa de la ignorancia que una y otra vez es incapaz de comprender la naturaleza de la realidad y que todo es interdependiente y que carece de cualquier realidad intrínseca e independiente.

Al tratar de comprender un concepto tan sutil, así como al tratar de expresarlo, las distintas tradiciones han utiliza-do términos diferentes y lo han afrontado desde distintos ángulos. Mientras que Walpola Rahula utiliza términos como "verdad absoluta" o "realidad última", los expertos de la tradición Mahayana como Su Santidad el Dalai Lama a menudo hablan de "la vacuidad" o de "la verdad última". Aunque se refieren a la misma cosa, cada término tiene un matiz ligeramente distinto y, por tanto, es conveniente analizarlos y ver las sutiles variaciones que existen en el método utilizado por los distintos expertos.

Rahula, afrontándolo desde la perspectiva de la tradición Theravada, afirma que la cesación del sufrimiento es la emancipación del sufrimiento, de la continuidad de dukkha, y es *Nibbana* (en sánscrito, *Nirvana*) [20]. Ésta, afirma, es la verdad absoluta o realidad última: no es un estado físico en el que entramos cuando nos liberamos finalmente de nuestros engaños.

Cuando Su Santidad el Dalai Lama habla de la cesación, es todavía más explícito:

Tal y como afirma Nagarjuna, una verdadera comprensión de la Liberación se debería basar en un entendimiento de la vacuidad, porque la Liberación no es sino la total eliminación, o la total cesación, del engaño y del sufrimiento a través de la experiencia de la vacuidad. Por tanto, el concepto de Liberación está estrechamente relacionado con el de vacuidad, y de igual modo que se puede deducir la vacuidad, también se puede inferir *moksha* [Liberación] [21].

La vacuidad y la Liberación no solamente son dos conceptos casi idénticos, sino que, según Su Santidad, los dos se pueden comprender a través de la razón, haciendo de nuestro entendimiento intelectual una herramienta de incalculable valor para poder acceder a los estados de la mente que, en última instancia, conseguirán liberarnos.

Cesación simbólica, con residuos y sin residuos

Liberación, cesación y Nirvana son sinónimos, aunque existen muchos tipos distintos de cesación. Aunque algunos textos tradicionales citan veinte tipos distintos, la división más importante es la que existe entre la cesación del oscurecimiento que nos impide alcanzar la Liberación y la cesación del oscurecimiento que nos impide alcanzar la Iluminación, de las que hablaremos más adelante. Cada una de estas dos categorías de cesación tiene niveles distintos, normalmente divididos en tres:

- Cesación simbólica
- Cesación con residuos
- Cesación sin residuos

La cesación simbólica

La cesación simbólica algunas veces recibe el nombre de *cesación temporal*, porque su experiencia se puede invertir. La cesación simbólica simplemente se refiere a la detención temporal de un pensamiento negativo, como cuando nos esforzamos activamente por aplacar nuestra ira hasta que llegamos a superarla. La ira se ha detenido, pero si después abandonamos cualquier técnica que hubiéramos estado utilizando para manejarla, cuando se den las circunstancias adecuadas, la ira probablemente volverá a aparecer de nuevo. De ese modo, este estado es una cesación en la cual algo ha cesado, pero es simbólica o temporal, porque la causa principal que la produce todavía no se ha destruido y la emoción aflictiva puede volver a aparecer. No es una cesación completa de esa mente errónea.

Tradicionalmente se dice que, a través de la meditación unipuntualizada, podemos experimentar temporalmente la calma completa, apartando nuestras consciencias sensoriales de los objetos sensoriales de tal modo que no experimentemos ninguna distracción motivada por los fenómenos externos. Ésta es una cesación simbólica o temporal. La mente se ha retirado del objeto externo pero, en realidad, no se ha ocupado de la raíz del problema. Existe un cierto tipo de cesación y mientras nos encontramos en ese estado nos sentimos serenos, pero ese estado no es una cesación eterna. En cuanto nuestra mente comience a relacionarse de nuevo con los objetos externos, perdemos esa serenidad.

Algunos practicantes pueden mantener ese estado mental hasta el momento de la muerte, apartando completamente sus consciencias sensoriales de los objetos externos y experimentando una paz interna total. Sin embargo, cuando comienzan una nueva vida, sus nuevas consciencias sensoriales comenzarán a buscar objetos externos. De ese modo, una vez más, esto es una es una cesación simbólica o temporal, porque no es permanente.

Su Santidad el Dalai Lama afirma que no deberíamos aceptar que es posible alcanzar la Liberación simplemente porque así se recoge en las escrituras, y pienso que ahí es donde puede resultar muy útil contemplar la cesación simbólica. Si nos fijamos en la forma en la que podemos reducir o incluso aplacar nuestra ira, aunque sea durante un breve periodo de tiempo, observaremos que podemos experimentar definitivamente cierto grado de cesación. Sobre esta base, a través de la razón, podemos inferir que también es posible alcanzar la completa cesación.

Los textos recogen que hay cuatro pasos para alcanzar la completa cesación: ver que los engaños y el sufrimiento son impermanentes, ver que hay una serie de métodos para afrontarlos, ver que esos métodos están a nuestro alcance y ver que nosotros mismos podemos aplicar esos métodos.

Nuestro objetivo, que consiste en eliminar todos los engaños y el sufrimiento de nuestra corriente mental, sería imposible de alcanzar si estas cosas fueran permanentes e inmutables. Por tanto, el primer paso que debemos dar para liberarnos es comprender verdaderamente que los engaños y el sufrimiento son, realmente, impermanentes, y por tanto, mutables. Como esto es así, es posible reducirlos y finalmente eliminarlos para siempre.

Si, en teoría, resulta posible tratar nuestras emociones aflictivas, entonces el segundo paso consiste en investigar si existen métodos verdaderos, tradicionalmente llamados *antídotos*, que podamos utilizar para conseguir esto. Una vez encontrados, deberíamos tratar de descubrir si estos métodos están a nuestro alcance y, a continuación, darnos cuenta de que podemos utilizarlos verdaderamente.

Estos cuatro pasos son muy valiosos, en el sentido de que pueden llevarnos de un entendimiento intelectual de la posibilidad de la Liberación o de la Iluminación, a una convicción de que esto es algo que verdaderamente podemos alcanzar. Esta explicación implacablemente racional y descrita paso a paso de cómo alcanzar la libertad parece muy intelectual pero, en realidad, es una excelente inspiración para ver que realmente podemos conseguirlo.

Para poder apreciar verdaderamente que somos capaces de completar la cesación, debemos ser conscientes de que, en general, nosotros, como seres humanos, somos mucho más capaces que otros seres, tanto mental como físicamente. No sólo tenemos una capacidad increíble gracias a los agregados físicos y mentales que hemos adquirido en esta existencia humana, sino también tenemos la capacidad de superar nuestro sufrimiento. Somos capaces de reconocer que engaños, tales como el ansia y la confusión no son, de ningún modo, inseparables de nuestra mente. Tanto si esto es un hecho realizable como si no es más que un dogma religioso, eso es algo que debemos investigar, ya que es fundamental para comprender la posibilidad de eliminar el sufrimiento.

Aquí estamos hablando de un proceso. La completa cesación es el producto final del trabajo a través de muchas cesaciones temporales y, aunque siempre es importante tener en mente el producto final, es igualmente importante ser realistas en nuestras expectativas. En el budismo Mahayana en particular, recitamos la frase "todos los seres sintientes" muchas veces al día. Todo lo que hacemos es (o, al menos debería ser) por el beneficio de todos los seres sintientes. Debido a quiénes somos y a la sociedad en que vivimos, nos sentimos culpables porque no estamos concentrados en todos los seres sintientes y no hacemos lo suficiente para que alcancen su completa Iluminación.

Pienso que esta frustración es perfectamente comprensible, pero se basa en expectativas no realistas; es demasiado ambiciosa y ni siquiera puede ser lo que quiso decir Buda cuando habló de beneficiar a todos los seres sintientes. Si somos capaces de beneficiar aunque sea a un ser sintiente con un corazón puro, creo que eso es suficiente. Por supuesto, sería mejor beneficiar a dos o tres, pero necesitamos despojarnos de las expectativas no realistas de ser capaces de salvar a todos y cada uno de los seres en este mismo instante. Ésa es una aspiración maravillosa pero, como objetivo inmediato, es ingenuamente idealista.

En realidad, la cesación es un proceso lento. Necesitamos esforzarnos por alcanzar la eliminación de nuestros engaños, ocupándonos primero de los más intensos, y pasando poco a poco a su detención temporal para, a continuación, eliminarlos completamente. Tanto si sentimos ira, como celos, apego u orgullo –cualesquiera que sean nuestros engaños más intensos– debemos hacer un esfuerzo incondicional por eliminarlos y, a continuación, pasar a los engaños más sutiles.

Ahí es donde comienza la verdadera práctica. Aunque estamos hablando de la cesación completa de todos los engaños, como ya he mencionado anteriormente, el punto de partida está en concentrarnos en nuestro engaño más intenso, como la ira, y aplicar los cuatro pasos. A través del uso de los distintos métodos y sistemas, con un poco de suerte descubriremos que nuestra ira ha disminuido, sin que por ello haya disminuido nuestra mente. Ésta es la señal de que la mente y la ira pueden separarse, porque si la ira y la mente fueran inseparables, si la ira se redujese y se detuviese, también lo haría la mente.

Podemos experimentar una maravillosa libertad y claridad de la mente observando este proceso y dándonos verdaderamente cuenta de que no sólo se aplica a una emoción negativa de una manera parcial y temporal, sino también a todas las emociones negativas de una manera permanente y total. Sólo es una cuestión de tiempo y de práctica. De este modo, creo que la comprensión de la cesación simbólica es crucial para comprender la cesación verdadera.

La cesación con residuos

Tanto la tradición Theravada como la tradición Mahayana están de acuerdo en que un ser humano que posee un cuerpo físico puede alcanzar una cesación completa. A través de la reducción sistemática de nuestros engaños, podremos finalmente eliminarlos completamente, pero si lo conseguimos hacer en esta vida, todavía nos queda este cuerpo físico que ha sido producido por los engaños y el karma de las vidas anteriores. La mente se limpia de todas los engaños, pero el cuerpo todavía está sujeto a los sufrimientos inherentes a su naturaleza.

Esta cesación se llama *cesación con residuos*. Significa que la cesación se produce dentro del contenedor de nuestro cuerpo, que todavía es el resultado de los engaños y el karma y que, por tanto, aunque se ha alcanzado la cesación mental, un residuo del karma no desaparece hasta que cese el cuerpo.

La cesación sin residuos

Sin embargo, una vez que la persona muere, y cesa el cuerpo, con sus engaños y karma "residuales", esta cesación se convierte en pura cesación, en el sentido de que no permanece ninguno de los engaños ni del karma en el continuo de esa persona. Eso se denomina *cesación sin residuos*.

Si bien la persona está viva en ese cuerpo en particular, el residuo debe permanecer, porque el cuerpo es fruto de los engaños y del karma y, por tanto, está destinado a padecer vejez, enfermedades y la muerte. Incluso el propio Buda estaba sujeto a esas cosas. La demarcación se produce cuando esa persona muere y el cuerpo cesa: en ese punto, la cesación se vuelve no residual.

Las tradiciones Theravada y Mahayana tienen teorías completamente distintas sobre este punto. En la tradición Theravada, cuando una persona alcanza la cesación sin residuos o Liberación, todo cesa: no sólo su cuerpo físico, sino también los demás agregados, y también la continuación mental sutil de la persona. La tradición Mahayana observa esto desde otra perspectiva afirmando que, una vez que una persona alcanza la Liberación personal y se convierte en un arhat, su continuo mental no se detiene después de la muerte. Según ellos, es la continuación del samsara y del engaño lo que se detiene, y no la persona. Cada vez que ese ser vuelve a renacer, puede permanecer durante un largo periodo de tiempo, incluso durante eones, en un estado meditativo, en lugar de desempeñar un papel activo beneficiando a otros seres sintientes: pero, no obstante, la mente continúa.

LIBERACIÓN E ILUMINACIÓN

Para el seguidor de la tradición Theravada, la principal aspiración es liberarse de esta existencia condicionada, alcanzar la Liberación. De ahí que este sendero se llame el *vehículo de Liberación individual.* Para el seguidor de la tradición Mahayana, el objetivo es liberar a todos lo demás seres, y para poder hacer esto, debe alcanzar la Iluminación para sí mismo. De igual modo que hay dos objetivos distintos, también hay dos aspiraciones iniciales diferentes y dos métodos distintos de alcanzar esos objetivos. Ésa es la esencia de las diferencias que existen entre las dos tradiciones.

Un entendimiento profundo del modo en el que los doce eslabones nos unen a este ciclo infinito de sufrimiento podría resultar completamente deprimente, pero nos proporciona un incentivo para buscar de manera sincera una salida. De ahí que, para el seguidor de la tradición Theravada, la fuerza impulsora que se esconde detrás de esta práctica es el deseo sincero de ser libre. Un practicante se convierte en un practicante Mahayana cuando ese deseo va un paso más allá. El seguidor de la tradición Mahayana es capaz de ver cómo los doce eslabones le aprisionan y, a continuación, observa también que esto es así en todos los seres. De igual modo que el pensamiento del propio sufrimiento infinito del practicante es insoportable, también lo es el pensamiento de que todos los seres están soportando el mismo sufrimiento. Por tanto, la aspiración no es liberarse sólo uno mismo, sino también esforzarse por hacer que todos los seres sean libres. Con ese tipo de aspiración, el seguidor comienza a practicar.

Los textos Mahayana afirman que todos los seres finalmente seguirán adelante para alcanzar la Iluminación y, por tanto, hasta los practicantes del vehículo de Liberación individual tarde o temprano irán más allá de la Liberación para eliminar los oscurecimientos que impiden el conocimiento con el fin de convertirse en seres completamente Iluminados. Este punto, por supuesto, ha sido objeto de profundos debates y no puedo afirmar si esto es cierto aunque, para mí, tiene mucho sentido.

En la tradición Mahayana, la diferencia entre la Liberación y la Iluminación está perfectamente delimitada, pero los textos de la tradición Theravada tienden a estar en desacuerdo, postulando o bien que un practicante que ha alcanzado la Liberación no pasará necesariamente a alcanzar la Iluminación, o bien que la Liberación y la Iluminación son la misma cosa. Según los textos de la tradición Mahayana, incluso después de la Liberación, el continuo mental del practicante de la Liberación individual continuará. Sin embargo, como esa mente está en perfecta paz, no existen sentidos ni sentimientos para estimularla y para poder alcanzar la Iluminación debe haber compasión, que es un sentimiento. Por tanto, este practicante podría permanecer en ese estado durante eones antes de que ocurra algo que impulse el deseo de seguir adelante. Estos argumentos se basan en gran medida en la tradición Mahayana y los llevo escuchando desde que tenía dieciocho años, así que suelen ser cosas que simplemente acepto, aunque realmente no sé si éste es verdaderamente el caso.

Tanto si el producto final es el mismo como si no, en la etapa inicial de la práctica existe, sin lugar a dudas, una diferencia. Eso me lleva a creer que, como tienen diferentes motivaciones iniciales, que subsiguientemente impulsan diferentes acciones, el resultado también debe ser de alguna manera distinto. Con sólo mirar lo que hacen los principiantes a diario se puede ver esto con total claridad. Si estamos siguiendo la tradición Mahayana, ponemos mucho más énfasis en hacer cosas por los seres sintientes. Si seguimos la tradición Theravada, no existe ese énfasis. Eso no quiere decir que el practicante de la tradición Mahayana tenga compasión mientras que el practicante de la tradición Theravada no la tenga; simplemente es que un practicante se concentra en alcanzar la Iluminación para liberar a los demás mientras que el otro pone énfasis en la Liberación individual. Sin embargo, en ambos senderos necesitamos interactuar con los demás. Para poder avanzar hacia la Liberación, necesitamos practicar la paciencia, algo que es imposible sin contar con los demás. Necesitamos afrontar nuestra propia ira, que sólo se puede hacer interactuando con los demás y, por supuesto, para desarrollar amor debemos estar en contacto con seres hacia quienes podamos expresarlo. Por tanto, la diferencia en los dos senderos no consiste en que uno alimenta el bienestar de los demás y el otro lo niega, sino que el énfasis que pone la motivación de cada uno de ellos es distinto. Sin lugar a dudas, no se trata de que los practicantes de la tradición Theravada sean egoístas y lo practicantes de la tradición Mahayana sean desprendidos.

Ninguno de nosotros hemos perdido todavía nuestro sentido del yo intrínseco así que, en cierto modo, todos somos egoístas, pero la mente egoísta puede ser positiva o negativa. La mente egoísta negativa quiere las cosas puramente por su propia satisfacción y niega los derechos y la felicidad de los demás, mientras que la mente egoísta positiva utiliza ese fuerte sentido de conciencia de sí mismo para ayudar a los demás. Si no tenemos autoestima, no creo que podamos hacer nada por los demás, así que no es necesario destruirnos a nosotros mismos para alcanzar la Liberación. Sin embargo, la mente egoísta negativa *debe* ser destruida.

CESACIÓN E ILUMINACIÓN

La cesación según la tradición Theravada

Tanto la tradición Theravada como la tradición Mahayana aceptan completamente que dentro de este cuerpo, que es el resultado de los engaños y del karma, podemos alcanzar completamente el Nirvana. Sin embargo, en la tradición Theravada, la realidad última o la verdad absoluta parecen significar que la persona individual se ha liberado completamente de los engaños y del karma y, una vez que finaliza el renacimiento actual, nunca volverá a tener más. Esto se llama realidad última en el sentido de que la persona nunca regresará a este círculo de renacimiento, vejez y muerte y es una verdad absoluta porque se ha alcanzado el Nirvana. El Nirvana se considera como una meta, como un final, y como tal, es indescriptible. Walpola Rahula afirma:

A menudo la gente pregunta: ¿Qué hay después del Nirvana? Esta pregunta no se puede plantear, porque el Nirvana es la Verdad Última. Si es Última, significa que no puede haber nada después de ella. Si existe algo después del Nirvana eso será la Verdad Última y no el Nirvana. Un monje llamado Radha planteó esta pregunta a Buda de una forma distinta: "¿Cuál es el propósito (o el fin) del Nirvana?" Esta cuestión presupone que hay algo después del Nirvana cuando postula cierto propósito o fin para él. Esto respondió Buda: "Oh, Radha, esta pregunta no puede llegar a su límite" (es decir, no viene al caso). Uno vive su vida sagrada haciendo del Nirvana su salto final (hacia la Verdad Absoluta), su objetivo, su fin absoluto[22].

Rahula sugiere que el Nirvana ya no es existencia, tal y como la conocemos: no es un reino en el que penetra un Buda, y afirma que la frase "entrar en el Nirvana" no existe en los sutras. La única frase en idioma pali que se relaciona estrechamente es *parinibutto* (en sánscrito, *parinirvana*), que denota que el Buda o arhat ya no tiene existencia después de la muerte. Por tanto, en la tradición Theravada, la persona individual que alcanza el Nirvana o la realidad última se ha liberado de los engaños y del karma y no tendrá más renacimientos.

Cuando los textos Mahayana utilizan términos como el *Nirvana* o la *cesación*, se refieren a la vacuidad (y aquí hablo desde el punto de vista de la escuela filosófica más importante, la Prasangika Madhyamaka). Para ellos, la cesación es la verdad absoluta. No aceptan la verdad última en el sentido de Liberación del renacimiento que se utiliza en la tradición Theravada, sino como una experiencia directa de la ausencia de existencia inherente a todos los fenómenos.

Los dos oscurecimientos

	Vehículo de Liberación individual	Vehículo de Liberación universal
Debe ser superado	Oscurecimientos producidos por las emociones aflictivas	Oscurecimientos producidos por las emociones aflictivas y oscurecimientos que impiden el conocimiento
Objetivo	Liberación	Iluminación

A través del desarrollo espiritual, el sufrimiento se reduce lentamente y comienzan a aparecer las distintas cesaciones. Existen dos tipos principales de cesación, que o bien conducen a Liberación o a la Iluminación como objetivo final. Para alcanzarlas, necesitamos superar dos tipos de oscurecimientos:

- Oscurecimientos producidos por las emociones aflictivas
- Oscurecimientos que impiden el conocimiento

Para alcanzar la Liberación, los practicantes necesitan superar todos los obstáculos que les impiden experimentar la ausencia de autoexistencia y así eliminar todos los estados mentales negativos. Estos obstáculos se llaman los *oscurecimientos producidos por las emociones aflictivas*. Una vez que se ha alcanzado la Liberación, en la consciencia permanecen una serie de manchas sutiles, un residuo de las ideas erróneas. Para continuar en el sendero y alcanzar la Iluminación, también es necesario superar los *oscurecimientos que impiden el conocimiento*. De este modo, la Liberación y la Iluminación son diferentes, al menos por lo que se refiere a los métodos que utilizan para alcanzarlos y por lo que se refiere a los oscurecimientos específicos que impiden alcanzar ese objetivo. Para alcanzar la Iluminación es necesario dar ese paso adicional.

Aunque, en apariencia, son dos obstáculos diferentes que impiden alcanzar dos objetivos distintos, eso no significa que una persona que se encuentre en el sendero hacia la Iluminación tenga que lidiar sólo con la segunda serie de oscurecimientos. Los practicantes que siguen este sendero deben eliminar ambos. Los oscurecimientos producidos por las emociones aflictivas están relacionados con nuestras tendencias emocionales y, por tanto, cuando nos esforzamos por mitigar nuestra ira, nuestro apego, nuestros celos y demás, estamos trabajando con nuestros oscurecimientos producidos por las impurezas mentales. Los oscurecimientos al conocimiento son oscurecimientos muy sutiles, como la predisposición a malinterpretar la realidad. En cierto grado, todavía permanecen en la mente de aquellas personas que han alcanzado la Liberación siguiendo el primer sendero.

Si eso es así, entonces ¿qué es la Liberación? En este sentido, el término Liberación significa Liberación del samsara, de volver a nacer por causa de los engaños y del karma. Una vez alcanzado ese estado, aunque una persona pueda liberarse de los oscurecimientos producidos por las emociones aflictivas y, por tanto, dejar de ser samsárica, según la tradición Mahayana, esa persona no es un Buda. Tampoco es un dios o un ser que habite en el reino inmaterial, porque esos planos todavía se encuentran en el samsara. Aquél que haya alcanzado la libertad de los oscurecimientos producidos por las emociones aflictivas se denomina un *arhat*. Para ser un Buda, la persona debe estar completamente libre de los oscurecimientos que impiden el conocimiento.

Una vez más, cada uno de esos dos oscurecimientos tiene dos niveles: los adquiridos a través del aprendizaje y los oscurecimientos innatos. La literatura Mahayana en particular ofrece muchos métodos para ocuparse de esos dos niveles de oscurecimiento.

Las dos cesaciones

De las escuelas índias consideradas importantes por el budismo tibetano –Vaibhashika, Sautrantika, Chittamatra y Madhyamaka– las cuatro aceptan dos tipos distintos de cesación que aparece cuando los dos tipos de oscurecimientos han cesado: la Liberación del samsara y la plena Iluminación.

Puede parecer demasiado académico, pero comprender las diferencias entre las escuelas en realidad resulta completamente esclarecedor. Por un lado, las dos primeras escuelas creen que algunos seres nunca avanzarán más allá de la primera cesación y, por tanto, nunca alcanzarán la Iluminación. Por otro lado, las dos escuelas superiores también aceptan dos cesaciones, pero afirman que todos los seres vivos finalmente alcanzarán la segunda cesación, la completa Iluminación.

Es posible que la primera cesación, la Liberación del samsara, se pueda alcanzar mientras el practicante todavía posee el cuerpo contaminado. Esto se denomina *Nirvana con residuo*, un sinónimo de la cesación con residuos, de la que ya hemos hablado más arriba. Según las escuelas inferiores, mientras el practicante se encuentra en dicho estado, o bien toma la decisión de continuar en el sendero o bien la de permanecer en ese lugar, aceptándolo como el objetivo final. Si un practicante toma la última decisión, después de su muerte, su continuo deja de existir, de forma completa y para siempre.

En los sutras, a un arhat, después de la muerte, muchas veces se le compara con la imagen de un fuego extinguido después de que el suministro de madera se haya agotado, o la llama de la lámpara que se ha apagado cuando se han acabado la mecha y el aceite. Este tipo de analogía indica que todo se acaba, que nada existe después de ese estado. Cuando citan esos pasajes, las dos escuelas inferiores mantienen que algunos seres, por su propia voluntad, no alcanzarán la completa Iluminación. Según estas escuelas, cuando se alcanza el *parinirvana*, no sólo cesa el agregado de la forma, sino que también lo hacen los agregados de la mente. Por tanto, según estas escuelas, todo cesa y no hay discusión en cuanto a la continuación de la consciencia. Para mí, esto parece indicar que los engaños están integrados completamente en la mente. Mientras la mente siga allí, también seguirán los engaños y, a su vez, cuando cesen los engaños, también cesará la mente. Los budistas Mahayana creen que los oscurecimientos no son uno con la mente, no están integrados completamente con la mente. Son temporales o, para ser más precisos, son adventicios. La naturaleza básica de la mente es pura.

Por tanto, cuando las dos escuelas superiores hablan de la cesación verdadera, no se refieren al final del continuo de los practicantes, sino al final de su karma y de sus engaños. Lo que continúan son el Cuerpo de Verdad (en sánscrito, *Dharmakaya*), que es el rasgo iluminado de los agregados de la mente, y el Cuerpo de la Forma (en sánscrito, *rupakaya*), que es el rasgo iluminado del agregado de la forma.

Los dos cuerpos de un Buda

Según la tradición Mahayana, después de alcanzar la completa cesación un practicante no sólo alcanza el Nirvana sino que, tras la muerte, su cuerpo ahora purificado se convierte en el Cuerpo de la Forma y sus agregados de la mente ahora purificados se convierten en el Cuerpo de Verdad.

Los engaños cesan, pero el continuo mental sigue adelante, ahora completamente purificado y con la compasión y la sabiduría que el practicante ha estado desarrollando desde el inicio del sendero espiritual. La mente que comprende directamente la vacuidad y está llena de compasión –en otras palabras, la mente de bodhichita– es la base que se convierte en el Cuerpo de Verdad de un Buda.

El Cuerpo de Verdad tiene dos aspectos distintos: la mente que comprende la vacuidad y la vacuidad misma de dicha mente, de tal modo que a menudo nos encontramos que la literatura clasifica el *dharmakaya* en dos tipos: el

Cuerpo de Verdad de la sabiduría (sánscrito: *jnanakaya*) que es la mente de un Buda, y el Cuerpo de Verdad natural (sánscrito: *svabhavakaya*), que es la vacuidad de la mente de un Buda.

De la misma manera, el agregado de la forma se convierte en el Cuerpo de la Forma de un Buda. El cuerpo físico burdo no se transmuta en un cuerpo físico burdo de un Buda, como si se produjera un extraño proceso químico. En su lugar, se disuelven los agregados físicos burdos del practicante y el cuerpo físico más sutil se convierte en la base del Cuerpo de la Forma del Buda en el que se transformará.

El Cuerpo de la Forma casi nunca se menciona en la tradición Theravada. Considero el concepto del Cuerpo de la Forma como una de las grandes diferencias que existen entre las dos tradiciones. *Rupakaya* no significa necesariamente forma material. En realidad se refiere a cómo la mente de sabiduría y compasión omnisciente de un Buda se manifiesta de distintas formas. Como la única razón por la que se manifiesta un Buda es para ayudar a otros seres y como existen distintos niveles de seres con diferentes niveles de comprensión, por tanto existen distintos niveles de esa manifestación. Normalmente se clasifican en dos tipos: el Cuerpo de Deleite (en sánscrito, *sambhogakaya*) y el Cuerpo de Emanación (en sánscrito, *nirmanakaya*).

Algunos seres pueden ver formas superiores del cuerpo de un Buda, como el Cuerpo de Deleite. Se pueden comunicar con el Buda y recibir enseñanzas de él en esa forma. Aquellos que están lo bastante realizados como para recibir esas enseñanzas son los seres arya que ya se encuentran en el sendero de la visión. Examinaremos los cinco senderos más adelante. Muchas veces veremos *tangkas* (imágenes) tibetanas de Budas con el aspecto *sambhogakaya*, vestidos con hermosos trajes y luciendo joyería fina, frente a la representación habitual de Sakyamuni Buda como un monje vestido con una sencilla túnica de monje, que es el aspecto *nirmanakaya*. Desde un punto de vista Mahayana, el Buda histórico, Sakyamuni, era una emanación suprema o *nirmanakaya*, porque los seres sintientes ordinarios eran capaces de verlo y de recibir enseñanzas de él.

Los Budas pueden emanarse de manera continua y simultánea en muchas formas distintas y en muchos lugares diferentes. Cuando comienzan a emprender el sendero que conduce a la Iluminación, su objetivo principal es beneficiar a los demás de modo que, cuando alcanzan el resultado, deben hacer eso, ya que de lo contrario estarían engañando. Por tanto, la tradición Mahayana postula que cuando un individuo alcanza la Iluminación, los dos cuerpos –el Cuerpo de la Forma y el Cuerpo de Verdad– se manifiestan simultáneamente. El Cuerpo de Verdad es el estado de ser libre de los oscurecimientos; el Cuerpo de la Forma es la forma en la cual ese ser es percibido por los demás.

Por esa razón, la tradición Mahayana insiste en practicar conjuntamente tanto el método como la sabiduría: el método produce el Cuerpo de la Forma y la sabiduría produce el Cuerpo de Verdad. Bodhichita, generosidad, moralidad y paciencia son algunos de los rasgos del método del sendero, que conduce al desarrollo del Cuerpo de la Forma de un Buda. Tratar de alcanzar una experiencia de la vacuidad y la impermanencia es el aspecto de la sabiduría, que conduce al desarrollo del Cuerpo de Verdad.

Si el Cuerpo de la Forma de un Buda es un ser, es impermanente, y podría argumentarse que está, por naturaleza, sufriendo. Una vez más nos encontramos con una diferencia entre las tradiciones Theravada y Mahayana, esta vez en las interpretaciones de los cuatro sellos, los principios fundamentales del budismo. Los cuatro sellos son:

1. Todos los fenómenos compuestos son impermanentes
2. Todos los fenómenos contaminados son, por naturaleza, sufrimiento
3. Todos los fenómenos están vacíos de autoexistencia
4. El Nirvana es la verdadera paz

Los expertos en la tradición Theravada sugieren que si algo es impermanente, está contaminado y, por tanto, es sufrimiento. Pero los expertos de la tradición Mahayana, citando los cuatro sellos, postulan que si bien las cosas contaminadas son sufrimiento, no todas las cosas que son impermanentes están contaminadas. Establecen una diferencia. Las cosas y los acontecimientos producidos por las emociones aflictivas y el karma son sufrimiento, porque están contaminadas, pero hay otras cosas impermanentes, como el Cuerpo de la Forma de un Buda, que no son necesariamente sufrimiento.

LA CONEXIÓN ENTRE LA LIBERACIÓN Y LA VACUIDAD

Una famosa cita de Chandrakirti dice:

Tanto si Buda viene a este mundo como si no, seguirá existiendo la vacuidad.

No importa si un Buda viene a este mundo y nos enseña lo que es la vacuidad; todas las cosas y sucesos, incluyendo nuestra propia existencia, seguirán vacíos de existencia inherente. Sin embargo, sí importa fijarse en alguien como Sakyamuni Buda, que tiene la sabiduría necesaria para comprenderlo y explicarlo a las personas como nosotros de tal modo que podamos aprender de ello y llegar a comprenderlo nosotros mismos.

No existe ninguna diferencia entre la naturaleza fundamental de una mesa y la naturaleza fundamental de mi mente. Las dos están vacías de existencia inherente o intrínseca. Las dos requieren exactamente el mismo proceso para llegar a comprenderlas, porque los dos vacíos son esencialmente idénticos. Sin embargo, aunque objetivamente no existe absolutamente ninguna diferencia entre ellos, subjetivamente sí existe una gran diferencia. Mi mente tiene todos los engaños adventicios, como la ira, los celos y el miedo –todas las cosas provocadas por mi egocentrismo y mi egoísmo– mientras que una mesa no tiene nada de esas cosas. Mientras mi mente siga oscurecida por esos engaños, resultará muy difícil penetrar en esa naturaleza fundamental, en esa ausencia de existencia inherente. Eso establece la diferencia, pero no significa que sea algo imposible.

Existe una estrecha relación entre la Liberación y la vacuidad. Para comprender la Liberación, debemos comprender lo que es la vacuidad, ya que de otro modo no podríamos ver dónde estamos atrapados. El significado de la Liberación es estar libres de algo. Pero nunca será más que un concepto de lo más abstracto hasta que sepamos de qué es de lo que nos debemos liberar y es en las enseñanzas de la vacuidad donde llegamos a comprender con exactitud qué es lo que nos ata. La comprensión experiencial completa de la naturaleza de la realidad está relacionada con el segundo de los oscurecimientos, no los oscurecimientos producidos por las emociones aflictivas, sino los oscurecimientos al conocimiento.

LAS CUATRO CARACTERÍSTICAS DE LA CESACIÓN VERDADERA

Al igual que las otras nobles verdades, la noble verdad de la cesación del sufrimiento posee cuatro características singulares. Éstas son:

- Cesación
- Pacificación
- Logro supremo
- Emergencia definitiva

Al igual que las otras características, éstas son cualidades específicas que pertenecen únicamente a esta noble verdad y pueden ayudarnos a comprenderla completamente y, en este caso, a experimentarla. La primera cualidad, la *cesación*, describe la noble verdad en sí; es la cesación de todos los engaños y de la ignorancia, no sólo de manera temporal, sino también de forma definitiva. Estas negatividades nunca se producirán de nuevo en la corriente mental.

La segunda características es la *pacificación*. La cesación pacifica el tormento del sufrimiento, produciendo como consecuencia el Nirvana o la Iluminación, la paz completa y eterna.

Como la cesación es el objetivo final de todos los senderos espirituales, se considera como algo *supremo*, la tercera característica, en el sentido de ser suprema para hacernos llegar la fuente de toda la salud y de toda la felicidad. Es la cualidad de la verdadera fiabilidad, que nunca se cambia ni se convierte en algo diferente o menos supremo.

La cuarta característica de la cesación es que, sin lugar a dudas, nos traerá el Nirvana y, de ese modo, esta característica se llama la *emergencia definitiva*. Al experimentar la verdad de la cesación del sufrimiento, nos liberamos completamente del samsara y de todos los sufrimientos y engaños.

5 LA VERDAD DEL SENDERO

EL NOBLE ÓCTUPLO SENDERO Y LOS TRES ADIESTRAMIENTOS

Las tres fases

"Ésta, oh monjes, es la Noble Verdad del Sendero que conduce a la Cesación del Sufrimiento. Es este Noble Óctuplo Sendero; es decir, Recto Entendimiento, Recta Intención, Recto Lenguaje, Recta Acción, Rectos Medios de Vida, Recto Esfuerzo, Recta Atención y Recta Concentración.

"Esta Noble Verdad del Sendero que conduce a la Cesación del Sufrimiento debe ser desarrollada. Así, oh monjes, con relación a cosas desconocidas anteriormente, surgió en mí la visión, surgió el conocimiento, surgió la sabiduría, surgió el verdadero conocimiento y surgió la luz.

"Esta Noble Verdad del Sendero que conduce a la Cesación del Sufrimiento ha sido desarrollada. Así, oh monjes, con relación a cosas desconocidas anteriormente, surgió en mí la visión, surgió el conocimiento, surgió la sabiduría, surgió el verdadero conocimiento y surgió la luz.

En esta versión del sutra que, una vez más, es una traducción del pali, la primera fase de la naturaleza de la verdad del sendero que conduce a la cesación se describe como el noble óctuplo sendero. Esto difiere de la traducción tibetana de la versión en sánscrito, que no hace ninguna mención específica del noble óctuplo sendero. Aunque este sendero no suele enfatizarse en el budismo tibetano, se enseña implícitamente como parte de los treinta y siete senderos que conducen a la Iluminación y como uno de los grupos de senderos que conducen a la cesación.

En la segunda fase, Buda explica lo que debería hacer el practicante con respecto a esta verdad –cultivarla o desarrollarla– y en la tercera fase, Buda explica el resultado último o el logro completo. Una vez que el practicante cultiva completamente los senderos, como el noble óctuplo sendero o los cinco senderos, alcanza el logro final. Este cultivo nunca se deteriora.

El sendero que conduce a la Iluminación

La última noble verdad, el sendero que conduce a la cesación del sufrimiento, en realidad abarca todo el camino espiritual que debemos emprender si deseamos llegar a liberarnos del sufrimiento. Todas y cada una de las acciones positivas que hayamos llevado a cabo se relacionan de alguna manera con esta última noble verdad. Es un sendero largo, y no debemos desanimarnos. A ese respecto, creo que las palabras de Su Santidad el Dalai Lama son enormemente reveladoras:

> Otro factor importante es nuestra determinación. No deberíamos imaginar que todos esos desarrollos pueden tener lugar en el plazo de unos pocos días o de unos pocos años; puede que incluso se necesiten varios eones, así que la determinación es, evidentemente, un factor esencial. Si te consideras un budista y realmente deseas practicar el Budadharma, entonces deberías decidirte desde el primer momento a hacerlo hasta el fin, con independencia de si para ello necesitas millones o miles de millones de eones.
>
> Después de todo, ¿cuál es el sentido de la vida? En sí misma, no existe ningún sentido intrínseco. Sin embargo, si utilizamos la vida de una manera positiva, entonces los días y los meses y los eones pueden ser algo significativo. Por otra parte, si te limitas a desperdiciar tu vida sin tener ningún objetivo, entonces un solo día puede parecer demasiado tiempo. Descubrirás que una vez que tengas una firme determinación y un objetivo claro, el tiempo deja de tener importancia.

Tal y como escribe Shantideva en su hermosa oración:

Que mientras dure el espacio
y los seres sintientes, esté yo presente
para eliminar la miseria del mundo[23].

Estas palabras reveladoras tienen mucho sentido para mí. Cuanto más impacientes nos sintamos, y cuanto más deseemos encontrar el sendero que resulte más sencillo o más barato, más probabilidades habrá de obtener un resultado pobre. Por tanto, sugiero que éste es el método equivocado.

En la búsqueda del sendero que conduce a la Liberación y a la Iluminación, tratamos de encontrar una forma de superar las emociones aflictivas que han estado con nosotros desde el primer momento en el que empezamos a interactuar con los demás seres. Para enfrentarnos a ellas, no basta con demostrar determinación, sino que también debemos desarrollar un objetivo claro, una idea clara de lo que estamos buscando. Sin eso, nuestra determinación, sin duda, será inestable.

Nuestro objetivo debe ser buscar la cesación verdadera y completa de nuestras emociones aflictivas: no basta con algunas, no basta con hacerlo a cierto nivel, sino que debe ser a largo plazo y de manera completa. Debemos tratar de alcanzar la cesación verdadera, que es la destrucción total de nuestros miedos y ansiedades. El sendero que hemos tomado debe tener la capacidad de llevar esto a cabo. Por supuesto, antes de alcanzar la cesación completa, necesitamos encontrar soluciones inmediatas que nos permitan resolver nuestras dificultades cotidianas, pero nuestro objetivo final siempre debe ser ir más allá de eso. Debe llegar a la misma raíz de nuestros problemas.

Si bien tanto la tradición Theravada como la tradición Mahayana están de acuerdo en que la esencia del sendero que conduce a la cesación fue enseñada por Buda como el noble óctuplo sendero, en la tradición Mahayana se afirma que los ocho aspectos de este sendero son las herramientas que nos conducen a un entendimiento directo y experiencial de la vacuidad: el sendero último a la Budeidad. En la tradición Theravada, el noble óctuplo sendero se considera un fin en sí mismo, incorporando la comprensión de la vacuidad dentro de él. Rahula afirma que cada uno de los 84.000 discursos de Buda se debe clasificar dentro de una de las ocho categorías del noble óctuplo sendero[24]. Su Santidad el Dalai Lama afirma que el verdadero sendero debería entenderse según el desarrollo de una experiencia directa de la vacuidad[25]. Esto es lo que verdaderamente conduce a la completa cesación de todas las emociones aflictivas. Aunque no existe en absoluto ninguna contradicción entre estas dos afirmaciones, el énfasis es distinto, y por esta razón, en la tradición Mahayana nos concentramos más en el estudio y la práctica de los tres adiestramientos y en los cinco senderos y menos en el noble óctuplo sendero.

Los múltiples senderos del budismo

Puede parecer extraño que puedas estudiar el budismo dentro de una tradición y no llegar a oír hablar del *noble óctuplo sendero* o a estudiarlo dentro de otra tradición y nunca oír hablar de los *cinco senderos*. Esta situación es consecuencia de los diferentes métodos que utiliza cada sistema y no de la existencia de una contradicción inherente. El budismo se desarrolló desde una tradición monástica y decididamente oral y, por tanto, muchas de las enseñanzas que tenemos hoy proceden de libros de texto para monjes o monjas. Esto es especialmente evidente en el Tíbet, donde los días en el monasterio parecen estar llenos de listas de memorización.

En uno de los sutras, Buda describe los treinta y siete factores de la Iluminación, de los cuales han derivado muchas de nuestras listas. Los treinta y siete factores son: los cuatro emplazamientos cercanos de la atención, los cuatro abandonos perfectos, las cuatro piernas del poder sobrenatural, las cinco fuerzas, los cinco poderes, las siete ramas de la Iluminación y el noble óctuplo sendero.

El primero de ellos, los cuatro emplazamientos cercanos de la atención, tienen mucha más importancia en las enseñanzas de la tradición Theravada, pero casi nunca se habla de ellos dentro de la tradición Mahayana. Eso no significa que los practicantes de esta tradición no tengan atención mental, sino que esas enseñanzas se incluyen en otras listas: en este caso, están incorporadas en los cinco senderos. De hecho, en la tradición Mahayana, el noble óctuplo sendero también se incluye dentro de los cinco senderos. Tanto los cuatro emplazamientos cercanos de la atención como el noble óctuplo sendero son prácticas específicas que se desarrollan desde el principio hasta las etapas más avanzadas, mientras que los cinco senderos reflejan el grado de logro de todas las prácticas. Son paradigmas distintos y no sistemas que entran en competencia directa. Los treinta y siete aspectos que conducen a la Iluminación son explícitos dentro de las enseñanzas de la tradición Theravada, pero en la tradición Mahayana, están incorporadas dentro de los cinco senderos.

Los tres adiestramientos

Los tres adiestramientos son muy importantes tanto para la tradición Theravada como para la tradición Mahayana. Éstos son:

- La ética (en sánscrito, *shila*)
- La concentración (en sánscrito, *samadhi*)
- La sabiduría (en sánscrito, *prajña*)

Dentro de estas tres divisiones, podemos incluir a todo el noble óctuplo sendero:

Recto lenguaje
Recta acción　　　　　　　　　} ética
Rectos medios de vida

Recto esfuerzo
Recta atención   } concentración
Recta concentración

Recto entendimiento   } sabiduría
Recto pensamiento

El primer adiestramiento, la ética, también llamada conducta ética o disciplina moral, es esencial para el desarrollo del segundo y del tercero, la concentración y la sabiduría, y como tal es la verdadera base de los otros dos.

Lo que es moralmente correcto o incorrecto es algo que cada uno de nosotros sentimos de manera intuitiva, incluso cuando no nos lo han enseñado nuestros padres o nuestros Maestros. La ética debe basarse en la compasión, no en un compromiso que seguimos simplemente porque somos budistas y nos han dicho que debemos practicarla. Al comprender lo que es la compasión, podemos ver cómo se requiere la conducta ética y cuando desarrollamos la compasión, la conducta ética aparece de manera completamente espontánea.

Nada es intrínsicamente inmoral desde su propio lado. Lo "moral" o lo "inmoral" se puede definir por el modo en el que una persona se comunica con los demás, o por la manera en la que percibimos mentalmente a los demás. Por tanto, la conducta ética, practicar una vida moral, no es algo que se pueda imponer de manera eficaz desde el exterior, sino que debemos desarrollar un entendimiento subjetivo de lo que ayuda y de lo que hace daño a los demás. Por tanto, lo que es moral y lo que no lo es en realidad depende de si se han tenido en cuenta los derechos y los sentimientos de los demás. Ahí es donde entra en juego la compasión. Si vivimos teniendo en cuenta los sentimientos, los puntos de vista y los derechos de los demás, entonces estaremos básicamente llevando una vida ética.

En la etapa inicial, particularmente dentro de la sociedad occidental moderna, la ética es el más importante de los tres adiestramientos. La ética es donde más solemos fallar en nuestra vida diaria. Con esto no estoy diciendo que los otros dos adiestramientos no sean importantes o pertinentes en nuestra etapa de desarrollo actual. La ética no es nada sin la atención y sin el sentido de interconexión de todos los seres que aporta el estudio de la vacuidad.

Pero para la mayoría de las personas que llevan una vida de trabajo normal, creo que se debería poner énfasis en la conducta ética, porque día tras día tenemos que relacionarnos con los demás y tomar decisiones morales.

Aunque, como budistas, nuestro principal objetivo es alcanzar la verdadera y completa cesación, para poder lograrla tenemos que superar una serie de problemas más inmediatos. Encontrar un trabajo, soportar el ritmo de la sociedad en la que vivimos, procurar dar lo mejor para nuestros hijos, etcétera, puede llevar a un estrechamiento de nuestro panorama y a poner énfasis a nuestra propia felicidad o a la de nuestra familia por encima de la felicidad de los demás. Esto también se aplica a la Sangha, por supuesto, y los monjes y monjas son igual de capaces que las personas laicas de comportarse de forma poco ética pero, al estar dentro de un entorno monástico, corren mucho menor riesgo.

La conducta ética es básica, y no estoy hablando de adoptar una serie de compromisos impuestos por un Maestro, como los votos *pratimoksha*, sino de algo más general. Los practicantes del budismo pueden preocuparse por el significado de algunos votos que han tomado, pero todo el mundo está de acuerdo en que engañar a alguien, tanto si se cree en una religión como si no, no es ético.

El budismo profundiza más que el pensamiento convencional en las exhortaciones que nos hacen para evitar que cometamos actos que no sean éticos. Evitamos dañar a los demás no simplemente porque los actos en sí puedan tener una serie de repercusiones evidentemente negativas, sino porque la mente que genera una acción no ética, en el futuro causará sufrimiento tanto a nosotros mismos como a los demás de una manera menos perceptible. Al igual que sucede con todo el budismo, la motivación es esencial. Un monje con la ordenación completa tiene el voto de evitar golpear a alguien con una paja. Aunque esa acción no produzca ningún daño físico, si la motivación es perjudicar a esa persona, eso ya tiene una serie de repercusiones dañinas. Evitar ese tipo de motivación dañina forma parte del adiestramiento en la ética.

El segundo adiestramiento, que incluye la concentración y la atención, nos lleva a la capacidad de concentrar nuestra mente en cualquier objeto que elijamos, y a mantener claramente esa concentración con intensidad durante un largo periodo de tiempo. La concentración en sí es neutra. El hecho de que sea positiva o negativa depende del objeto de nuestra concentración.

Llevar una vida inmoral suele significar concentrarse en los placeres y en las indulgencias de los sentidos a expensas de los demás y muchas veces eso supone llevar una vida completamente disipada. Por tanto, la inmoralidad y la concentración muy pocas veces van de la mano. Por tanto, para tener una mente concentrada en un solo punto, es esencial llevar una vida ética. Sobre la base de una vida ética, podemos desarrollar poco a poco nuestra concentración desde las meditaciones de atención más simples enfatizadas en la tradición Theravada, como la observación de la postura del cuerpo o de la respiración, hasta las prácticas que desarrollen más claridad y una concentración prolongada. Cuando hemos avanzado verdaderamente, podemos llegar a desarrollar la permanencia apacible (concentración completa).

La sabiduría, la comprensión de cómo existen realmente las cosas y los acontecimientos por lo que se refiere a su impermanencia, interdependencia y falta de existencia intrínseca, es el tercer adiestramiento, y de nuevo su base es los otros dos adiestramientos, especialmente la concentración. Incluso un entendimiento intelectual de la sabiduría necesita cierto grado de concentración, y esto es todavía más evidente si deseamos llevar este entendimiento a una profundidad donde realmente comience a dar un giro a nuestra vida.

Al igual que sucede con los otros dos adiestramientos, el adiestramiento en la sabiduría evoluciona a través de varios niveles. Nuestra práctica se desarrolla poco a poco desde un estudio de la mente, específicamente de los conceptos erróneos con los que trabajamos, y se desarrolla a través de distintas sutilezas de la ley de causa y efecto hasta que podemos llegar a comprender y, finalmente, a experimentar la vacuidad y la impermanencia.

Estos tres adiestramientos están profundamente interconectados. Para poder tener sabiduría, debemos tener concentración; para poder tener concentración, debemos tener ética. Pero el desarrollo de la ética también exige un grado de sabiduría y de concentración. Aunque no tengamos que perfeccionar el primer adiestramiento antes de que podamos comenzar el segundo, y de hecho es imprescindible que se desarrollen juntos, no obstante existe una secuencia por lo que se refiere al énfasis que ponemos en cada uno de ellos.

El *Dharmachakra*, la rueda del Dharma[26], simboliza estos tres adiestramientos, el anillo que se encuentra en el eje central representa la conducta ética. Esto demuestra que la ética es la base de todas las cosas. Los ocho radios representan la sabiduría, con sus puntas sobresaliendo del borde –como una espada de Manjushri– que corta la ignorancia y el anillo exterior representa la concentración sobre la que se asienta la sabiduría.

La rueda del Dharma

Actualmente es probable que estemos evitando mentir y robar por el miedo que nos produce el castigo. Aunque la motivación puede ser el miedo a las consecuencias del karma en lugar de la reprimenda de un Maestro o de un padre, también este es un punto de vista infantil. Cuando por fin desarrollamos una perspectiva correcta sobre cómo existen las cosas y sobre cómo todos somos interdependientes, nuestra mente se vuelve ética de manera natural. Sin embargo, probablemente todavía nos queda por recorrer un largo camino, y necesitamos tener una conducta ética en este mismo momento. Entender que la práctica de la ética produce resultados positivos en el presente nos espolea para continuar y expandir nuestra práctica.

Algunas veces siento lástima por los fumadores que toman los ocho preceptos de la tradición Mahayana durante nuestros retiros. Debe ser todo un reto para ellos. Sin embargo, si son capaces de ver los resultados positivos y no sólo la agonía que supone apartarse de la nicotina, eso puede animarles a seguir adelante. La técnica consiste en comenzar con una base ética con la que se sientan cómodos y construir poco a poco sobre ella.

La ética

Si lees algunos tratados como el *Ornamento de la comprensión clara (Abhisamayalamkara)* de Maitreya, encontrarás que se explica el noble óctuplo sendero en el contexto de un bodhisatva que ha percibido directamente la vacuidad y se encuentra en el sendero de la visión. Para nosotros, creo que resulta mucho más útil limitarnos a describir cada una de las categorías de las que consta el noble óctuplo sendero de manera muy general por lo que se refiere al modo en el que las personas ordinarias pueden verdaderamente practicarlo aquí y ahora.

Las tres primeras categorías del noble óctuplo sendero –recto lenguaje, recta acción y rectos medios de vida– forman parte del primer adiestramiento, la ética. Sin duda, vivir de manera ética siguiendo esos tres senderos nos ofrece la base para llevar a cabo las otras prácticas, mientras que vivir sin ellos, de una manera indisciplinada, da como fruto todo tipo de obstáculos para el desarrollo de la concentración o de la sabiduría. Si no llevamos una vida con un recto lenguaje, una recta acción y un recto medio de vida, es muy difícil poder desarrollar un sendero que nos conduzca a la cesación. Incluso si practicamos el método de visualización o de meditación más sofisticado dentro del tantra yoga superior, no podremos tener éxito.

El lenguaje es uno de nuestros principales instrumentos de comunicación, y el recto lenguaje significa comprender las consecuencias de lo que decimos y de cómo lo decimos. Como constantemente utilizamos el lenguaje para expresar a los demás lo que pensamos, es muy importante tener cuidado de que nuestro lenguaje no les haga daño. Esto, por supuesto, está a su vez relacionado con las cuatro acciones verbales incluidas en las diez no virtudes —mentir, difamar, insultar y practicar la charlatanería— que ya hemos visto anteriormente. También existen cuatro virtudes que se deberían cultivar para mejorar esta práctica del habla correcta. Son las siguientes:

Decir la verdad	Mentir
Unir a los enemigos	Difamar
Hablar de forma pacífica y educada	Insultar
Hablar con conciencia	Charlatanería

El recto lenguaje consiste tanto en tener cuidado de evitar las no virtudes del habla como de cultivar de forma deliberada las acciones virtuosas opuestas. Es una cuestión de no hacer daño a los demás y, por el contrario, hacer lo posible para ayudarlos.

De igual modo, la práctica de la recta acción se puede considerar como el abandono de las tres no virtudes del cuerpo y del cultivo de las correspondientes tres acciones virtuosas. Éstas son:

Proteger la vida de los demás	Asesinar
Practicar una gran generosidad	Robar
Mantener una conducta moral	Conducta sexual inapropiada

Proteger la vida de los demás incluye cualquier acto heroico que suponga salvar la vida a alguien de un edificio en llamas hasta sacar a un insecto del baño antes de darse una ducha. También puede ser practicar un autodominio para no matar, como cuando superamos el deseo de echar insecticida a las flores. La generosidad y la ética son dos de las seis perfecciones y podemos practicar esas cualidades cada día de muchas maneras sencillas, incrementando poco a poco el alcance de nuestra práctica e integrándola en nuestra consciencia.

Las restantes acciones virtuosas son las opuestas a las tres no virtudes mentales. La sección sobre la sabiduría que aparece abajo recoge sus principales características, así que no será necesario que hablemos de ellas aquí:

Desapego	Codicia
Bondad	Intención de hacer daño
Perspectiva adecuada	Ideas erróneas

Llevar una vida correcta es muy importante. Para poder vivir, muchos tenemos que ganarnos el sueldo, especialmente en este mundo tan competitivo. Sin embargo, y quizás sea una señal de lo agresiva que es la sociedad occidental, si nos fijamos bien, muy pocos trabajos no perjudican directamente a los demás. Por tanto, pienso que este concepto de llevar una vida adecuada requiere una seria consideración. En la medida que nos sea posible, tenemos que llevar una vida que evite conscientemente hacer daño a los demás y, en consecuencia, el modo en el que nos ganamos la vida debería ser lo más puro posible.

Por supuesto, en algunas situaciones esto puede resultar imposible. Incluso en un trabajo sencillo, puede ser muy difícil medir los efectos que ejercemos en los demás, e incluso cuando tratamos de evitar hacer daño a los demás, todavía podemos estar haciéndolo. Algunas veces también es inevitable. Hace poco hablé con una mujer que llevaba sin empleo dos años y había solicitado un trabajo. Es una persona muy sincera. El trabajo era muy importante para ella y veía que ese trabajo podría resultarle muy provechoso, pero si respondía a las preguntas que aparecían en la solicitud de manera escrupulosamente sincera, sabía que no le iban a dar el puesto. En una época donde el "CV creativo" es casi un elemento positivo, ella estaba verdaderamente preocupada por la necesidad de tener que mentir, así que me pidió consejo, pero yo no sabía cómo poder ayudarle. Las cosas casi nunca son blancas o negras. Ella debía fijarse en lo que podría resultar más beneficioso en conjunto. Por tanto, por una parte, ella tal vez necesitaba responder a esas cuestiones de la forma que fuera necesaria para conseguir el empleo pero, por otro lado, ser estrictamente sincera podría resultar mejor a largo plazo.

Llevar una vida adecuada no significa necesariamente que todo lo que hacemos para ganarnos la vida debe ser preciso y escrupulosamente honesto, con independencia de lo que eso pueda suponer. Es inevitable tener que tomar decisiones difíciles. Pero si prestamos atención de manera consciente al modo en el que vivimos y a qué es lo que tenemos que hacer para desarrollarnos espiritualmente, entonces, cualquier cosa que hagamos significará llevar una vida recta.

Por supuesto, si estás leyendo este libro, probablemente no te dedicas a traficar armas con grupos terroristas o a envenenar las fuentes de agua. Pero fíjate en la empresa para la que trabajas y verás el efecto que ejerce en el entorno y en las personas que se encuentran en ese entorno; observa el daño que puedes estar haciendo. Incluso si, personalmente, no estamos haciendo nada malo, si nuestro modo de vida se basa en algo que sea siquiera ligeramente perjudicial, entonces está sucediendo algo de manera inconsciente. Ese estado mental siempre perturbará nuestra mente.

Llevar una vida correcta va más allá del trabajo que realizamos, y abarca el efecto que ejerzamos en el medioambiente e, incluso, los alimentos que comemos. Por ejemplo, ingerir verduras parece menos dañino que comer carne, pero los campesinos utilizan productos químicos para hacer que sus cosechas crezcan y muchos seres, como insectos y pájaros, son exterminados. Si podemos evitar hacer daño a los demás, deberíamos hacerlo, o al menos deberíamos hacer el menor daño posible. Tener cuidado de no hacer esas cosas es una parte importante de nuestra práctica.

Parece que, hagamos lo que hagamos, siempre seremos cómplices de hacer daño a los demás como consecuencia de lo que consumimos. Por supuesto, es bueno ser cuidadoso, pero también es bueno ser realista. Somos ciudadanos de un mundo donde las grandes empresas ejercen el control del mismo y pienso que sólo un fanático podría vivir sin comprometer su vida de una u otra manera. El objetivo es el desarrollo espiritual y el fanatismo no nos llevará hasta él. Tenemos que vivir y necesitamos las cosas materiales para poder sobrevivir y, en la medida que nos sea posible, deberíamos conseguirlas sin causar daño a los demás.

Estos tres elementos —recto lenguaje, recta acción y rectos medios de vida— verdaderamente ayudan a sentar las bases para emprender nuestro viaje hacia la Liberación, porque están asociados al aspecto ético de los tres adiestramientos.

La concentración

El recto esfuerzo, la recta atención y la recta concentración, tal y como se recogen en el noble óctuplo sendero, están conectados con la concentración o disciplina mental. Llevar una vida moral basada en esos tres elementos es un factor esencial para el desarrollo de la concentración. La recta atención, la mente que puede sostenerse sobre un objeto, es especialmente vital.

Para los principiantes como nosotros, aprender una sencilla técnica de meditación y practicarla con regularidad es una tarea muy difícil, porque nos distraemos con demasiada facilidad. Necesitamos desarrollar una atención estable para poder mantener nuestra consciencia en el objeto de la meditación. El esfuerzo adecuado se puede utilizar de muchas maneras, pero con la debida atención, podemos ver cómo el esfuerzo correcto es esencial para superar la fuerza de nuestras tendencias habituales. Nuestra mente se dispersa a cada momento, incluso durante el sueño, y sin el esfuerzo adecuado, nuestra atención nunca será lo bastante fuerte.

Algunas veces, esta práctica también se llama *esfuerzo alegre*. Es necesario que nuestro corazón desprenda una alegría sincera y genuina para conseguir cualquier cosa positiva. En este caso, comprender realmente la motivación y el resultado es vital. Sin una clara comprensión de las intenciones que se ocultan detrás de nuestros actos, nuestra motivación se debilitará y nuestra determinación a desarrollarnos espiritualmente se vendrá abajo. El esfuerzo correcto –hacer algo positivo con una motivación clara e intensa– nos ayuda a abstenernos de cometer actos negativos, así como a hacer que nuestra actitud de no dañar a los demás se consolide y sea constante. De ese modo, aunque el esfuerzo correcto se puede incluir dentro del adiestramiento de la concentración, se puede aplicar a todas las prácticas.

La segunda práctica es la recta atención. La atención es un elemento que se enfatiza enormemente en la tradición Theravada, y pienso que es muy poderosa y a la vez muy necesaria en nuestra vida diaria. De hecho, para practicar el recto lenguaje, la recta acción y unos rectos medios de vida, necesitamos tener una recta atención. Sin ella, cometeríamos demasiados errores. La atención en un nivel práctico consiste simplemente en ser conscientes de lo que está sucediendo a nuestro alrededor. En el contexto de la meditación y de la concentración, significa la capacidad que tiene la mente para mantenerse en el objeto de la concentración. En realidad, no estoy seguro de hasta qué punto la simple práctica de esto nos puede llevar hacia el objetivo principal de alcanzar la completa cesación, o hasta qué punto es eficaz para superar nuestras emociones aflictivas. Una vez dicho esto, la recta atención es crucial porque la necesitamos para ver qué es lo que está sucediendo en nuestra mente.

Existen muchos métodos para desarrollar la atención básica. En la etapa inicial, aprendemos a hacer que nuestra mente dispersa se concentre en las sensaciones que se encuentran dentro de nuestro cuerpo en el momento presente. Es una técnica muy sencilla. A continuación, aprendemos a prolongar esa consciencia y sobre esa base, desarrollamos subsiguientemente cierto grado de claridad, donde la mente es menos oscura, menos confusa. Podemos hacer esto simplemente observando nuestra postura corporal, sin aplicarle ningún calificativo –correcta, incorrecta, dolorosa, placentera– sino limitándonos a estar con nuestro cuerpo. También nos podemos concentrar en la respiración, contando las inspiraciones y espiraciones que hacemos mientras nos concentramos en la sensación del aire que pasa por la ventana de la nariz o en el movimiento de nuestro abdomen.

Por supuesto, el hecho de que la atención sea algo simple no significa que sea fácil. Es posible que se necesite toda una vida de práctica. La atención presenta tres aspectos distintos: estabilidad, claridad e intensidad. Aunque podamos trabajar con los tres juntos, necesitamos dominar uno antes de poder ir demasiado lejos con el siguiente. Al principio tratamos de desarrollar una mente estable durante mucho tiempo, sin preocuparnos demasiado por lo claramente que aparece el objeto en la mente. Pero una vez que somos capaces de sostener el objeto durante mucho tiempo, nuestra concentración se dirige al aspecto de la claridad. A medida que desarrollamos esto, comenzamos a ver que nuestra consciencia puede ser clara, pero presenta varios grados de intensidad:

puede tener claridad, pero puede ser una claridad muy débil. Y, por tanto, comenzamos a cultivar la intensidad de la consciencia. Esto no es algo que se pueda dominar en sólo un fin de semana.

La recta concentración se refiere a la mente concentrada en un único punto. Con la atención puesta en el objeto, la mente se concentra en él. Si es un objeto como la compasión, la mente unipuntualizada *se convierte* en compasión. Esta es una diferencia entre atención y concentración. Aunque las dos mentes comparten una serie de cualidades, la atención es simplemente la capacidad de sostener un objeto; nunca se puede convertir en el propio objeto. Con la debida atención, cualquier cosa que hagamos será muy efectiva. La concentración es esencial para practicar las meditaciones en la ausencia de autoexistencia y en elementos parecidos: sin ella, incluso la meditación en la compasión será muy dispersa y se necesitará mucho tiempo para alcanzar un resultado. La concentración en un solo punto es una herramienta muy poderosa y podemos encontrar muchas técnicas distintas para desarrollarla. Para entrar en detalles sobre este punto necesitaría escribir todo un libro.

La sabiduría

El último del noble óctuplo sendero, el recto entendimiento (o recta comprensión) y el recto pensamiento, se refieren al desarrollo de la sabiduría y de la pura motivación.

El recto entendimiento se puede dividir en tres niveles. Una recta comprensión muy básica es simplemente el sentido común, ver las cosas que son sabias o beneficiosas de hacer, como creer en la ley de la causalidad. Incluso sin un entendimiento preciso, sigue beneficiándonos tener una especie de convicción en Buda y en los otros grandes Maestros que nos han enseñado que lo correcto es seguir la ley de la causalidad.

En esta etapa, tenemos una noción muy elemental de lo que es el samsara; sabemos que nos encontramos en el samsara por causa de los engaños y del karma y que si no los tratamos adecuadamente estaremos en este estado para siempre. Aunque puede que no tengamos un entendimiento preciso y simplemente confiemos en los grandes Maestros, esta confianza denota una recta comprensión muy básica. A su vez, esto puede progresar en un verdadero entendimiento, como cuando emprendemos el estudio de las Cuatro Nobles Verdades hasta el punto en el que estamos firmemente convencidos de la ley de la causalidad. Mantener este tipo de visión se puede denominar una recta comprensión, al igual que el entendimiento de los niveles más burdos de ausencia de autoexistencia, como entender que no hay ninguna persona que exista separada de nuestros agregados o de que todas las cosas contaminadas producen sufrimiento. Éste es un punto de vista intermedio. El objetivo es comprender la vacuidad de manera experiencial, más allá del punto de vista intelectual, pero necesitamos manejar una serie de palabras y de conceptos para llegar allí. De ese modo, el proceso pasa de lo racional a lo experiencial.

La recta comprensión más refinada es la visión de que todas las cosas y acontecimientos están vacíos de existencia intrínseca, que ningún fenómeno existe sin depender de los demás. Los *demás* aquí se refiere a los demás fenómenos, y no necesariamente a seres; incluso podría referirse a un concepto o a un nombre.

El recto pensamiento se refiere principalmente a la intención o a la motivación correcta. Supongamos, por ejemplo, que una persona ha alcanzado una experiencia directa de la vacuidad. Esta persona puede explicar la vacuidad a los demás, pero si está motivado por cualquier tipo de interés propio, no se puede llamar recto pensamiento. La motivación debe ser puramente beneficiar a los demás, sin ningún pensamiento consciente o inconsciente de obtener cualquier tipo de contraprestación. De igual modo, si alguien practica la generosidad despojándose de sus posesiones, pero tiene cierto sentimiento de desear algo a cambio, tampoco se puede hablar de recto pensamiento.

Cuando tratamos de practicar el Dharma, nuestra motivación debe ser, al menos, un deseo sincero de enfrentarnos a nuestros propios engaños y a nuestro karma. Este tipo de pensamiento es el recto pensamiento. Si cualquier otra motivación nubla nuestra práctica, como el deseo de obtener reconocimiento, poder o riqueza, entonces por muy intensa que pueda ser nuestra práctica del Dharma, no es un recto pensamiento, porque la intención no es pura.

La práctica de la generosidad, de la moralidad, de la paciencia, del esfuerzo alegre, de la concentración y de la sabiduría son cosas maravillosas y enormemente positivas, pero sin el recto pensamiento, no se puede decir que sea la práctica de las seis perfecciones. Cada una de ellas debe estar alimentada por la motivación pura, apartada de cualquier interés propio. El recto pensamiento es la práctica del Dharma con motivación pura, tratando conscientemente de eliminar todos los engaños y el karma negativo de nuestra corriente mental, especialmente para obtener la Iluminación con el fin de ser lo más beneficioso posible para los demás.

El nihilismo y el eternalismo

Desde la perspectiva del budismo Mahayana, la recta comprensión es el entendimiento de la vacuidad, la sabiduría suprema que es capaz de ver la realidad última. Esta experiencia también es recta comprensión porque está libre de los dos extremos, el nihilismo y el eternalismo.

Una visión totalmente correcta de la realidad necesita gran cantidad de discernimiento racional, ya que de otra manera podríamos caer fácilmente en cualquiera de los dos extremos. Normalmente nos vemos atrapados en la visión del mundo como algo concreto y separado de la mente que lo observa. Esta visión imprecisa es muy peligrosa, porque crea un sentido de alienación que hace que cometamos actos que son perjudiciales. Por tanto, es necesario comprender que esto no es así y que lo que vemos como real y concreto en realidad se parece en gran medida a una ilusión.

El primer extremo es el nihilismo, la visión de que nada existe. Hay una gran diferencia entre ver la vida *como* una ilusión, tal y como propone el budismo Mahayana, y de hecho pensar que la vida *es* una ilusión. Creer que nada existe verdaderamente destruye toda convicción en la causa y el efecto y, por tanto, toda motivación para evitar las no virtudes y desarrollar las virtudes. En resumen, todo carece de sentido, todas las acciones son inútiles.

El nihilismo es más peligroso que el escepticismo o el eternalismo, porque es una perversión muy sutil de la investigación que debe llevar a cabo la mente para poder comprender la realidad. Si eliminamos el concepto de realidad concreta que nos persigue en el momento presente, necesitamos desarrollar visiones todavía más sutiles. Existe una línea muy fina entre la visión más sutil y la visión en la cual toda la realidad simplemente se desvanece. La deconstrucción del modo en el que percibimos las cosas ha llegado demasiado lejos si ya no somos capaces de encontrar nada que exista. Las personas bien preparadas y bienintencionadas son capaces de rebatir categóricamente esta perspectiva nihilista.

El otro extremo es el eternalismo, la visión de que algo es eternamente inmutable sin depender de las otras cosas. Normalmente no es una construcción intelectual en absoluto, sino algo a lo que nos aferramos de manera instintiva.

Entre estos dos extremos se encuentran muchos niveles, y seguir el sendero medio que evita que caigamos en cualquiera de los dos extremos puede ser como caminar sobre una cuerda floja, ya que requiere hacer uso de discernimientos muy sutiles. Por esta razón, la recta comprensión no se puede alcanzar puramente por medio del recto pensamiento, por medio de la buena intención. También necesitamos llevar a cabo una importante investigación racional.

Pero, tal y como sucede con todo lo que tiene que ver con el sendero espiritual, si nuestro examen se mantiene en el nivel intelectual, es completamente inútil. Necesitamos llevar nuestro entendimiento de la recta comprensión a un nivel en el cual forme parte de nuestra perspectiva natural e informe de nuestra relación con el mundo externo. Tradicionalmente se ha establecido una analogía, diciendo que podemos ver las montañas cubiertas de blanca nieve como si fueran amarillas, a causa de la ictericia, aunque supongo que hoy en día podríamos cambiar esto por decir que llevamos puestas unas gafas de sol. De manera racional, sabemos que las montañas son blancas, pero las vemos de color amarillo. Si nos relacionamos con ellas como si fueran amarillas, aunque aplicando la lógica sabemos que eso no es así, estamos actuando de manera incorrecta. Necesitamos "quitarnos las gafas de sol" y ver las montañas cubiertas de nieve tal y como verdaderamente son. Por tanto, el proceso de desarrollo de una recta comprensión, de ver todas las cosas tal y como verdaderamente son, es muy difícil y necesita mucho tiempo.

ENCONTRARSE EN EL SENDERO

Los cinco senderos

Si pides a un Maestro Theravada que te enseñe la última de las nobles verdades, te explicará el noble óctuplo sendero. Si se lo pides a un Maestro tibetano, te presentará los cinco senderos. Los cinco senderos son:

1. El sendero de la acumulación
2. El sendero de la preparación
3. El sendero de la visión
4. El sendero de la meditación
5. El sendero de no más aprendizaje

Estos cinco senderos parece que no están en absoluto relacionados con el noble óctuplo sendero, pero en realidad sólo son un paradigma distinto del mismo viaje espiritual. El noble óctuplo sendero describe los diferentes aspectos del viaje, como la ética y la concentración, y los cinco senderos describen los distintos niveles alcanzados en ese viaje. Por decirlo de manera sencilla, el noble óctuplo sendero es como las asignaturas que se pueden estudiar en una universidad, mientras los cinco senderos son los niveles de ese estudio: licenciado, master y doctorado.

Muchas personas me han preguntado por qué el budismo tibetano no presenta el noble óctuplo sendero como parte de la cuarta noble verdad, pero para mí no hay ninguna diferencia entre el noble óctuplo sendero y los cinco senderos, aparte del estilo de presentación. En la tradición Mahayana, cuando el camino que conduce a la cesación se presenta en el contexto de los cinco senderos, está implícito el noble óctuplo sendero. El noble óctuplo sendero es la sustancia, y los cinco senderos es el proceso, el progreso paso a paso que tenemos que llevar a cabo.

El sendero de la acumulación

El primer sendero se llama el *sendero de la acumulación*, porque en este sendero todavía no hemos alcanzado el nivel en el cual podemos integrar completamente nuestra práctica en nuestra corriente mental, sino que todavía estamos acumulando el material, la información y el mérito adecuado para que podamos llegar hasta allí. La *acumulación* se refiere a algo más que a la adquisición intelectual e incluye el desarrollo de una serie de cualidades mentales, como la atención. Comprender qué cosas positivas necesitamos acumular y qué cosas negativas necesitamos evitar, por supuesto, nos conduce de nuevo al noble óctuplo sendero.

Necesitamos disponer de las necesidades más básicas para emprender nuestro viaje hacia la Liberación y la Iluminación, como la determinación de liberarnos del samsara (el sentimiento de la renuncia) y la comprensión de la impermanencia. Resulta sencillo ver que aquí la *acumulación* se refiere a una etapa en el desarrollo de esas propiedades en lugar de verla como una acumulación estéril de conocimiento. Las prácticas permanecen en el sendero de la acumulación porque todavía no existe una experiencia *directa* de cualquier aspecto del noble óctuplo sendero que estemos considerando. Con esto no estoy diciendo que nuestra práctica de la meditación no sea avanzada, sino que todavía debemos ir más allá del entendimiento conceptual de las materias sobre las que estamos meditando. En este nivel estamos acumulando esas cualidades, así como la energía mental positiva –el mérito– que necesitamos para seguir avanzando.

El sendero de la preparación

Cuando disponemos de la información suficiente y hemos desarrollado lo bastante nuestras habilidades, poco a poco vamos más allá de un entendimiento conceptual de la materia y comenzamos a tener momentos en los que la meditación en algo como la vacuidad se convierte en un ejercicio más vivo. Cuando esto sucede, alcanzamos el sendero de la preparación.

En este punto, ya disponemos de un entendimiento conceptual enormemente profundo de la impermanencia o de la vacuidad y hemos alcanzado el estado avanzado de meditación en un solo punto llamado la permanencia apacible. Al combinar los dos y enfocarnos una y otra vez sobre este entendimiento conceptual, alcanzamos lo que se conoce como *la unión de la permanencia apacible y de la visión especial*, y seremos capaces de entrar en un entendimiento experien-cial del sujeto. Seremos capaces de *percibir* la vacuidad o la impermanencia en lugar de *imaginárnosla o concebirla*.

Aquí el término *preparación* se refiere a preparar el sendero para llegar a tener una experiencia final directa de la vacuidad o de la impermanencia. Es la ruptura final, a través de la unión de la permanencia apacible y de la visión especial, de los puntos de vista sutiles adquiridos intelectualmente que bloquean nuestra percepción directa. Sin embargo, en este punto, no estaremos del todo allí ya que algunos oscurecimientos muy sutiles siguen apareciendo entre el sujeto –la mente– y el objeto de la meditación –la vacuidad–.

El sendero de la visión

Cuando por fin conseguimos abrirnos paso y percibir directamente la vacuidad, alcanzamos el siguiente sendero, el sendero de la visión. Hemos ido más allá del entendimiento conceptual y ahora podemos *ver* directamente la vacuidad. En este nivel somos ya seres *arya*, debido a este importante atributo. Por primera vez en nuestras incontables vidas somos capaces de ver la realidad tal y como es. De ahí es de donde procede la cualidad de *noble* de las Cuatro Nobles Verdades: son verdades para un ser arya.

En el sendero de la visión, esta experiencia directa de la vacuidad es el verdadero antídoto para eliminar no sólo nuestras ideas erróneas adquiridas intelectualmente, sino también sus semillas. En nuestras sesiones de meditación percibimos directamente la vacuidad cada vez con mayor facilidad, aunque fuera de la sesión de meditación regresamos a las percepciones de la mente conceptual, si bien son muy refinadas desde el punto de vista conceptual.

A medida que continúa esta etapa, la mente se vuelve más sutil y más fuerte, y abandonamos tanto las ideas erróneas adquiridas de manera intelectual como las ideas erróneas innatas, incluyendo sus semillas.

El sendero de la meditación

En esta etapa ya no tenemos ningún punto de vista erróneo ni ningún aferramiento burdo a lo autoexistente, pero permanecen las impresiones de los oscurecimientos innatos más sutiles. Para poder eliminarlos, necesitamos ir más allá de las realizaciones directas e intermitentes de la vacuidad hasta la etapa en la cual nos encontramos en meditación constante con una experiencia directa continua.

Éste es el camino de la meditación, aunque la "meditación" de la que se habla aquí es algo mucho más avanzado de lo que normalmente imaginamos cuando escuchamos esta palabra. Dentro de la tradición del budismo tibetano, la palabra meditación (en tibetano, *gom*) se refiere a habituar la mente a un objeto: uno positivo, como la compasión o la visualización de un Buda. Una vez que se ha llegado más allá del entendimiento conceptual e incluso más allá de la experiencia directa intermitente, se necesita alcanzar un estado constante de percepción directa de la realidad para poder borrar finalmente los oscurecimientos innatos más sutiles que nos apartan de la Iluminación.

El sendero de no más aprendizaje

Cuando el último y más sutil de los oscurecimientos cesa, alcanzamos la completa cesación o Iluminación. En este punto, no hay nada más que hacer, nada más que aprender, de ahí que se llame el *sendero de no más aprendizaje*. No más aprendizaje e Iluminación son, en realidad, sinónimos; el primero describe la etapa que alcanzamos y el último describe el estado que obtenemos.

Probablemente habrás advertido que todo de lo que hablo está relacionado con la vacuidad o la impermanencia, con el aspecto de la sabiduría dentro del sendero, y que los cinco senderos representan una progresión clara y natural desde lo intelectual y lo conceptual a lo experiencial o perceptual. Sin embargo, uno de los puntos que más se prestan a la discusión en los patios donde se celebran debates en los monasterios tibetanos es saber cómo el aspecto del método del sendero encaja en todo esto. ¿En qué etapa se vuelve directo el componente emocional de la práctica? Muchos grandes Maestros creen que, aunque necesitamos la bodhichita para alcanzar el sendero de la Iluminación, nunca se convertirá en una experiencia directa hasta que alcancemos esta etapa final de no más aprendizaje.

El practicante de la liberación individual y el practicante del sendero del bodhisatva

Como ya mencioné más arriba, existe una diferencia básica de enfoque entre el practicante que sigue el sendero de la

Liberación individual y el practicante Mahayana que sigue el sendero que conduce a la Iluminación utilizando lo que se puede denominar *Bodhisatvayana*. Ambos practicantes deben progresar a través del mismo proceso de los cinco senderos de acumulación, preparación, visión, meditación y no más aprendizaje. Sin embargo, en relación al sendero final, existe una gran diferencia. En el sendero individual, el término *no más aprendizaje* representa el hecho de que el practicante ha alcanzado la Liberación del samsara. Cuando el practicante alcanza ese estado, no hay más aprendizaje.

De hecho, la principal diferencia entre los dos vehículos en este punto no la encontramos en el lado de la sabiduría de la práctica (ya que ambos definen este sendero por la presencia constante de una experiencia directa de la vacuidad), sino desde el punto de vista del método. El practicante del vehículo individual no necesita la bodhichita, así que, según las escrituras de este vehículo, la etapa de no más aprendizaje se puede alcanzar en unas cuantas vidas. Sin embargo, la esencia de la práctica del practicante que sigue el sendero del bodhisatva es desarrollar la bodhichita, y para ello se necesitan eones. Esto demuestra lo mucho más difícil que es el objetivo del bodhisatva: alcanzar un estado mental que no vea ninguna diferencia entre el yo y los demás y que ame por igual a sí mismo y a los demás. Comparado con eso, la comprensión experiencial de la ausencia de autoexistencia es algo muy sencillo.

Éste es un punto muy complicado que se puede malinterpretar con facilidad. Es fácil llegar a la conclusión de que los expertos de la tradición Mahayana creen que los practicantes que se encuentran en el sendero de la Liberación individual actúan movidos por su propio interés y que, por tanto, son "egoístas", pero en realidad eso no es así. Pensar que los practicantes de la Liberación individual pueden alcanzar la Liberación, lo cual requiere una comprensión experiencial de la ausencia de autoexistencia pero que, al mismo tiempo, pueden ser ególatras es algo totalmente ilógico. Sin embargo, aunque un practicante del vehículo individual en realidad tiene que enfrentarse a la *mente que se aferra a un yo autoexistente* –la mente que se aferra a un concepto de yo "intrínseco"– este practicante no tiene necesariamente que enfrentarse a la *mente egoísta*, la mente que se ve a sí misma como algo más precioso que los demás. Por supuesto, es imposible pensar en el noble óctuplo sendero, por muy superficialmente que se haga, sin darse cuenta de que el practicante del sendero de la Liberación individual debe tener en cuenta a los demás y trabajar para que alcancen su bienestar, pero esta práctica no pone énfasis en asumir la responsabilidad por el bienestar final de todos los seres sintientes. De hecho, para poder progresar al máximo, un practicante del vehículo individual probablemente necesita apartarse del mundo y buscar eficazmente el bienestar de los demás.

Si aceptamos que esos practicantes no necesitan tratar con la mente egoísta, también debemos darnos cuenta de que el egoísmo tiene diferentes niveles. No existe forma de comparar la mente egoísta de los verdaderos practicantes que se encuentran en el sendero de la Liberación individual con la mente egoísta que tenemos en el momento presente. Nuestra mente egoísta es enormemente burda; su egoísmo, por el contrario, es mucho más sutil.

Una persona que se encuentra en el sendero del bodhisatva trata de superar el egoísmo pero, en realidad, tener cierto grado de egoísmo puede resultar útil. Asumir la responsabilidad por los demás, si se hace con la suficiente habilidad, puede ser una fuente de felicidad tanto para el practicante como para los seres a los que ayuda. Por tanto, si el deseo de alcanzar una felicidad personal se mezcla con la motivación de ese practicante, entonces ese tipo de egoísmo no trae problemas. Ésa es la forma adecuada de querernos a nosotros mismos, mientras que la forma inadecuada es querernos a nosotros mismos a costa de la exclusión de los demás.

Para alcanzar el sendero de la acumulación, los dos tipos de practicantes necesitan la determinación espontánea de liberarse del samsara. Sin embargo, un practicante del bodhisatvayana también necesita la determinación fuerte y espontánea de alcanzar la verdadera bodhichita, para alcanzar la plena Iluminación por el bien de todos los seres sintientes. Es posible que haya tomado los votos del bodhisatva cuando recibió una iniciación de un lama. La bodhichita de la que se habla en esa situación se denomina la *bodhichita que aspira*. Aquí, la bodhichita se refiere a la mente que se dedica a los demás de manera constante y plena.

¿Cuándo estamos verdaderamente en el sendero?

El gran Maestro tibetano y fundador de la tradición Gelug, Lama Tsongkhapa, declara inequívocamente que una persona sólo se encuentra en el sendero de acumulación del camino individual, cuando ha desarrollado la fuerte y espontánea determinación de liberarse del samsara. Sin eso, por mucho conocimiento que se tenga o por gran meditador que uno sea, no se puede siquiera decir que se está en el primer sendero. Sin embargo, para el practicante del sendero del bodhisatva, la demarcación es todavía mayor; ese practicante necesita alcanzar la verdadera bodhichita para entrar en el sendero de la acumulación.

Gran parte de la enseñanza budista consiste en cortar el deseo, pero parece que necesitamos sentir un deseo increíblemente fuerte de liberarnos del samsara para llegar a progresar espiritualmente. ¿Es esto una contradicción? Normalmente asociamos el deseo con el ansia de los placeres sensuales como el chocolate o el sexo, pero en realidad el deseo puede ser positivo o negativo. Desear liberarse del samsara es un deseo positivo que nunca causará problemas. Sin embargo, tener un fuerte deseo por las cosas samsáricas, sin importar las que sean, tarde o temprano produce insatisfacción.

Es imposible sentir al mismo tiempo deseo por el samsara y deseo de liberarse del samsara. En Tíbet tenemos un plato llamado *tsampa*, que es harina de cebada molida. El desayuno para muchos tibetanos todavía sigue siendo simplemente una taza de té y *tsampa*, que se seca dentro de la boca.

Tratar de vivir con un pie en el samsara y el otro pie en elNirvana es como tratar de tocar la flauta mientras se tiene la boca llena de *tsampa*. ¡Es completamente imposible! En última instancia, tenemos que elegir; no podemos tener las dos cosas. De la misma manera, no se puede sentir una fuerte determinación espontánea por liberarnos del samsara y, al mismo tiempo, aferrarse a las cosas samsáricas.

El apego es el problema, no necesariamente el deseo, y las dos palabras se confunden a menudo. El apego siempre es negativo, mientras que el deseo puede ser positivo o negativo. Si sentimos el deseo, la fuerte y sincera determinación, para alcanzar la Budeidad o la Liberación, no hay lugar para el apego. Esta aspiración es positiva.

Existen dos formas básicas de cultivar esta determinación. Una consiste en ver la raíz del samsara, que significa ver la vacuidad y percibir la necesidad de liberarse de las ideas erróneas del aferramiento a la autoexistencia. La otra forma es ver las verdaderas desventajas de estar en el samsara. Los dos métodos son igualmente válidos; se puede cultivar cualquiera de ellos y, finalmente, acabarán por unirse. Cada uno de esos métodos no es más que el punto de partida determinado por las predisposiciones del practicante.

LAS CUATRO CARACTERÍSTICAS DE LA VERDAD DEL SENDERO

Al igual que sucede con las otras nobles verdades, la verdad del sendero que conduce a la cesación del sufrimiento tiene sus cuatro características singulares. Éstas son:

- Sendero
- Conciencia
- Consecución
- Liberación

La primera de ellas, el *sendero*, es el medio a través del cual progresamos, como el noble óctuplo sendero o los cinco senderos. Estas prácticas son "senderos" que conducirán a la cesación, de la misma manera que algunas calles nos conducirán a nuestro destino deseado.

Todos los distintos senderos también tienen la segunda característica, la *conciencia*, que es la capacidad de esos senderos de llevarnos a un entendimiento pleno y completo de lo que es la raíz de la existencia cíclica, y así conducirnos a escapar de ella. Nos hacemos conscientes tanto de la profundidad de nuestros problemas como de los medios de escape.

La tercera característica, la *consecución*, se parece a la segunda característica. Sin embargo, aquí se presenta desde la perspectiva del estado resultante, que significa que a través de los distintos senderos podemos alcanzar *definitivamente* el resultado de la Liberación o de la Iluminación. La conciencia significa saber lo que es correcto y lo que es erróneo, mientras que la consecución significa la práctica real que nos lleva hasta allí. Se refieren a los aspectos de la misma cosa. Si alguien dice, "Gueshe Tashi" o utiliza mi otro nombre, Lhundrub Pelba, se están refiriendo a la misma persona, pero utilizando palabras distintas. En el mundo conceptual, estos nombres pueden crear imágenes ligeramente distintas: no imágenes de personas distintas, sino aspectos distintos de la misma persona. Del mismo modo, la conciencia es lo que nos lleva hasta allí y la consecución es lo que se obtiene.

La cuarta característica se llama *Liberación* porque destruye la causa principal del samsara. El noble óctuplo sendero posee la cualidad de la Liberación, liberándonos del cautiverio de nuestra existencia condicional.

Las dieciséis características de las cuatro nobles verdades

La primera noble verdad La verdad del sufrimiento	}	1. impermanencia 2. sufrimiento 3. vacuidad 4. ausencia de autoexistencia

La segunda noble verdad La verdad del origen	}	5. causas 6. origen 7. fuerte producción 8. condición
La tercera noble verdad La verdad de la cesación	}	9. cesación 10. pacificación 11. logro supremo 12. emergencia definitiva
La cuarta noble verdad La verdad del sendero	}	13. sendero 14. conciencia 15. consecución 16. Liberación

En la tradición Mahayana desarrollamos la comprensión de las Cuatro Nobles Verdades a través del entendimiento de estas dieciséis características. Además, las características se pueden desarrollar a través del progreso en cada uno de los cinco senderos, desde el sendero de la acumulación al sendero de no más aprendizaje. Durante el sendero de la acumulación, se comprenden a un nivel muy básico, a continuación se comprenden de manera más profunda en la etapa del sendero de la preparación y así sucesivamente.

El estudio de las Cuatro Nobles Verdades y el desarrollo de un entendimiento de ellas, contemplándolas realmente y, a través de ello, desarrollando una profunda experiencia, es un proceso esencial para un practicante budista. Ésta es la razón que explica por qué Buda enseñó las Cuatro Nobles Verdades como su primera enseñanza, la razón por la cual las enseñó en muchas otras ocasiones y la razón de que ésa fuera su última enseñanza antes de pasar al *paranirvana*.

Cualquier cosa que leamos sobre el budismo, cualquier enseñanza que escuchemos o cualquier retiro al que acudamos, no importa lo sencillo o lo pragmático o lo esotérico que sea, siempre puede relacionarse con uno de los temas que se encuentran dentro de las Cuatro Nobles Verdades. Estas verdades son la fuente de la cual emanan todas las demás enseñanzas. Son la matriz sobre la cual se asientan todas las demás enseñanzas. Nuestro objetivo es la consecución de la sabiduría y de la compasión, pero no podemos siquiera comenzar ese viaje si no disponemos de un claro entendimiento de cuál es nuestra situación actual. Sólo del estudio de las Cuatro Nobles Verdades puede aumentar ese entendimiento.

Como practicante budista, comprender las Cuatro Nobles Verdades es realmente la educación principal –si es que se puede utilizar esa palabra– sobre la cual asentar toda la práctica budista. De hecho, las Cuatro Nobles Verdades abarcan toda la enseñanza budista.

NOTAS

1. *Setting the Wheel of Dharma in Motion* (en pali, *Dammacakkappavattana*-sutra), traducido por Bhikku Bodhi en *The Conected Discourses of the Buda*; Wisdom Publications, Boston, 2000, pp. 1843-1846.

2. Holmes, Ken y Katia, *The Changeless Nature: A Translation of Maitreya's Uttaratranta*; RU: Karma Drudgyud Darjay Ling, 1985, p. 134.

3. Gyatso, Tenzin, el decimocuarto Dalai Lama, *Las cuatro nobles verdades*; Nuevas Ediciones de Bolsillo, Barcelona, 2002.

4. *The Dhammapada, The Path to Perfection*, traducido por Juan Mascaro; RU: Penguin Books Ltd, 1973. V276. Mara denota los engaños, a menudo caracterizados mitológicamente como un demonio.

5. Carus, Paul, ed., "The Sermón of Benares", en *The Gospel of* Budha; 1915; repr. RU: Alcove Press Ltd, 1974. Este pasaje parece parafrasear libremente el sutra en lugar de realizar una traducción perfecta, si bien es bastante evocador.

6. Gyatso, Tenzin, el decimocuarto Dalai Lama, *El arte de vivir en el nuevo mileno*; Nuevas Ediciones de Bolsillo, Barcelona, 2003.

7. Gyatso, *Las cuatro nobles verdades*.

8. Rahula, Walpola, *Lo que Buda enseñó*; RBA Coleccionables, Barcelona, 2002.

9. *Apropiado* aquí se refiere a que el sentido innato del aferramiento a la autoexistencia, el paso al siguiente renacimiento, asume –o se apropia– una nueva serie de agregados.

10. Para una explicación detallada véase: Tsongkhapa, *Gran tratado de los estadios en el camino a la Iluminación* (Vol. 1); Ediciones Dharma, Novelda, 2003.

11. Chandrakirti, *Introduction to the Middle Way*, 6:126 (traducido del tibetano).
12. De Wangyal, Gueshe, *The Door of Liberation*; Wisdom Publications, Boston, 1973, p. 136.
13. Los seis sufrimientos generales del samsara son: el defecto de la incertidumbre, el defecto de la insaciabilidad, el defecto de desechar cuerpos repetidamente, el defecto del renacimiento repetido, el defecto de descender una y otra vez de lo alto a lo bajo y el defecto de no tener compañía.
14. Rahula, *Lo que Buda enseñó*.
15. Gyatso, *Las cuatro nobles verdades*.
16. Sumedho, Venerable Ajahn. *The Four Noble Truths*; RU: Amaravati Publications, 1992, p. 30.
17. Sumedho, *The Four Noble Truths*, 30.
18. Una de las cuatro principales escuelas filosóficas budistas, la Chittamatra o escuela Solo-Mente, afirma que existen ocho consciencias, y la octava de ellas, *la mente que es la base de todas las cosas*, solo tiene la función de ser el lugar donde se ubican las impresiones kármicas.
19. Rahula, *Lo que Buda enseñó*.
20. Rahula, *Lo que Buda enseñó*.
21. Gyatso, *Las cuatro nobles verdades*.
22. Rahula, *Lo que Buda enseñó*.
23. Gyatso, *Las cuatro nobles verdades*.
24. Rahula, *Lo que Buda enseñó*.
25. Gyatso, *Las cuatro nobles verdades*.
26. Ilustración reproducida con permiso de Robert Beer. Tomada de Beer, Robert, *The Enciclopedia of Tibetan Symbols and Motifs*; Shambala, Boston, 1999, p. 186. Debes advertir en esta rueda las cuatro secciones de *ying-yang* situadas en el centro, algo muy común en muchos Dharmachakras, que representa las Cuatro Nobles Verdades.

GLOSARIO

ABHIDHARMA (sánscrito): una de las tres "cestas" de enseñanzas extraídas de los sutras, relacionada con la metafísica.

EMOCIÓN AFLICTIVA: ENGAÑO (en sánscrito, *klesha*): es el estado mental provocado por la confusión fundamental sobre cómo existen las cosas y los acontecimientos; el segundo nivel de confusión que perturba nuestra mente y produce sufrimiento.

ARHAT (sánscrito): es un practicante que ha alcanzado el estado de no más aprendizaje según el vehículo de Liberación individual.

ARYA (sánscrito): un ser "superior", o uno que ha alcanzado una comprensión experiencial directa de la vacuidad.

AVIDYA (sánscrito): ignorancia, que generalmente se divide en dos tipos: ignorancia de la causalidad e ignorancia de la naturaleza última.

BODHICHITA (sánscrito): es la mente que desea de forma espontánea alcanzar la Iluminación para beneficiar a los demás; es el corazón completamente abierto y delicado.

BODHISATVA (sánscrito): es alguien cuya práctica espiritual se dirige hacia la consecución de la Iluminación por el bienestar de todos los seres; una persona que posee la motivación compasiva de la bodhichita.

BODHISATVAYANA (sánscrito): es el "vehículo" o sendero del bodhisatva.

BUDA, (sánscrito): es el Buda histórico, Sakyamuni Buda.

BUDA, un (sánscrito): es un ser completamente Iluminado; una persona que ha eliminado todos los oscurecimientos que velan la mente y ha desarrollado todas las buenas cualidades de la perfección; es la primera de las Tres Joyas de Refugio.

BUDAS, LOS CINCO DHYANI, son las cinco familias de Budas que representan cinco energías primordiales: la de Vairochana, la de Amitabha, la de Akshobhya, la de Ratnasambhava y la de Amogasiddhi.

BUDADHARMA (sánscrito): son las enseñanzas de Buda

BUDEIDAD: es el estado de ser un Buda, la Iluminación total.

CINCO AGREGADOS: es la forma tradicional de dividir a una persona en componentes psicofísicos. Los agregados son: forma (cuerpo), sensación, discernimiento, factores composicionales y consciencia (mente).

CINCO SENDEROS, LOS: son las etapas que atraviesa un practicante en su viaje hacia la Iluminación. Son los senderos de preparación, de acumulación, de la visión, de la meditación y de no más aprendizaje.

DHARMA: (sánscrito): literalmente significa "aquello que te protege del sufrimiento"; muchas veces se refiere a las enseñanzas de Buda, pero de manera más general, se refiere a cualquier cosa que ayude al practicante a alcanzar la Liberación; es la segunda de las Tres Joyas de Refugio.

DHARMAKAYA (sánscrito): Cuerpo de Verdad: junto con el rupakaya, uno de los cuerpos que se alcanza cuando un ser logra la Iluminación; es el resultado del aspecto de la práctica relacionada con la sabiduría.

DOS OSCURECIMIENTOS, LOS: los dos tipos de mente que bloquean nuestro progreso espiritual; *los oscurecimientos producidos por las emociones aflictivas,* que nos impiden alcanzar un desarrollo emocional, y *los oscurecimientos al conocimiento,* que nos impiden alcanzar un desarrollo lógico, particularmente el entendimiento de la vacuidad.

DUKKHA (pali): sufrimiento, algunas veces se traduce como "insatisfacción".

ETERNALISMO: es la creencia de que las cosas y los acontecimientos existen intrínsicamente; uno de los dos extremos que se deben evitar. El otro extremo es el nihilismo.

EXISTENCIA CÍCLICA: *véase* samsara.

GELUG (sánscrito): fundada por Lama Tsongkhapa, es una de las cuatro escuelas de budismo tibetano; las otras son Sakya, Nyngma y Kagyu.

IMPRESIÓN KÁRMICA (en tibetano, *pak chak*): es la energía o la predisposición dejada por un acto en la corriente mental que permanecerá hasta que madure en forma de resultado o hasta que se purifique.

IMPULSADO POR LOS DEMÁS: se refiere al hecho de que todos los fenómenos llegan a existir dependiendo de causas y de condiciones: gracias al poder de otras cosas.

KARMA (sánscrito): acción; la ley natural de causa y efecto en donde las acciones positivas producen felicidad y las acciones negativas producen sufrimiento.

KLESHA (sánscrito): engaños. Es la combinación de la ignorancia y de las emociones aflictivas del apego y la aversión.

LAMA TSONGKHAPA (1357-1419): gran Maestro tibetano y fundador de la tradición Gelug.

LAMRIM (tibetano): el sendero gradual que lleva a la Iluminación: la presentación tradicional de las enseñanzas de Buda según la escuela Gelug de budismo tibetano.

LAMRIM CHENMO (tibetano): *Las grandes etapas del sendero*; es el extenso texto de lamrim escrito por Lama Tsongkhapa.

MADHYAMAKA (sánscrito): el camino medio; la más elevada de las cuatro escuelas filosóficas de la India que se estudia en los monasterios tibetanos.

MAHAYANA (sánscrito): literalmente el Gran Vehículo; representa a una de las dos principales divisiones del pensamiento budista; la tradición Mahayana se practica en Tibet, Mongolia, China, Vietnam, Corea y Japón; el pensamiento Mahayana pone énfasis en la bodhichita, en la sabiduría que realiza la vacuidad, y en la Iluminación.

MENTE QUE ES LA BASE DE TODAS LAS COSAS: es la consciencia postulada por la escuela Chittamatra (Solo-Mente) para describir dónde residen las impresiones kármicas. Esta mente es rebatida por las otras escuelas.

MERAMENTE DESIGNADO: es el modo de existencia último de un fenómeno según la escuela Prasangika Madhyamaka: las cosas están vacías de existencia inherente, y están "meramente etiquetadas" sobre una base de designación.

MOKSHA (sánscrito): Liberación

NIHILISMO: es la creencia extrema de que nada existe en realidad. El otro extremo es el eternalismo.

NIRMANAKAYA (sánscrito): es el Cuerpo de Emanación; de los dos aspectos del cuerpo de la forma (rupakaya) de un Buda, es el que pueden ver los seres ordinarios.

NIRVANA (sánscrito): es un estado de libertad de todos los engaños y del karma, una vez liberados de la existencia cíclica (samsara).

PALI: es el idioma de la India antigua utilizado en los primeros textos canónicos budistas (Theravada).

PARINIRVANA (sánscrito): es el estado del Buda alcanzado en la muerte.

PRACTICANTE DE LA LIBERACIÓN INDIVIDUAL: es un practicante que se encuentra en el sendero que conduce a la Liberación (frente al practicante del vehículo universal, que se encuentra en el sendero que conduce a la Iluminación).

PRASANGIKA/PRASANGIKA MADHYAMAKA (sánscrito): es la más elevada de las dos subdivisiones de la escuela Madhyamaka, siendo la otra, la Svatantrika Madhyamaka.

REINO DE LA FORMA: es uno de los tres reinos del samsara, donde los seres han alcanzado un grado elevado de concentración y están libres del dominio de los sentidos.

REINO DE LO INMATERIAL: dentro del samsara, es el más elevado de los tres reinos, donde los seres tienen una concentración perfecta y sólo tienen los cuatro agregados mentales y ninguna forma física.

REINO DEL DESEO: de los tres reinos de existencia que hay dentro del samsara, es el reino en el que vivimos, que está dominado por los sentidos. Los otros son los reinos de la forma y de lo inmaterial.

RUPAKAYA (sánscrito): Cuerpo de la Forma; uno de los dos cuerpos de un Buda después de alcanzar la Iluminación (el otro es el Dharmakaya); es el resultado del aspecto del método del sendero.

SAMBHOGAKAYA (sánscrito): Cuerpo de Deleite; de los dos aspectos que presenta el Cuerpo de la Forma (rupakaya) de un Buda, aquél que sólo lo pueden ver los seres arya.

SAMSARA (sánscrito): la existencia cíclica, el estado de renacimiento constante por causa de los engaños y el karma.

SÁNSCRITO: es el antiguo idioma indio utilizado en los textos Mahayana.

SERES SINTIENTES: son seres conscientes, es decir, cualquier ser que tenga una mente y, por tanto, un deseo de ser feliz y de evitar el sufrimiento.

SHAMATA (sánscrito): meditación para el desarrollo de la concentración en un solo punto (samadhi).

SHASTRA (sánscrito): es un clásico comentario indio sobre las enseñanzas de Buda.

SUTRA (sánscrito): un verdadero discurso de Buda.

SUTRAYANA (sánscrito): es el vehículo de la tradición Mahayana que toma los sutras budistas como su principal fuente de textos.

TANHA (pali): sed; ansia; la confusión fundamental que nos mantiene en el samsara, según la tradición Theravada.

TANTRA (sánscrito): literalmente, hilo o continuidad; un texto de enseñanzas esotéricas del budismo; con frecuencia se refiere a esas mismas enseñanzas.

TATAGATHA (sánscrito): epíteto de Buda; literalmente significa "ser que ha pasado al más allá".

THERAVADA (sánscrito): una de las escuelas del pensamiento budista original de la tradición Theravada. Pone énfasis en la Liberación y no en la Iluminación; el nombre usado más comúnmente en los textos tibetanos, Hinayana (vehículo menor), conlleva una connotación imprecisa de inferioridad.

TRES VENENOS, LOS: ignorancia, aversión y apego —los tres estados de la mente principales que nos mantienen en el samsara— de los cuales emergen todas las demás emociones aflictivas.

VEHÍCULO UNIVERSAL: *véase* Mahayana.

VIDA CONDICIONADA: es la existencia no Iluminada; el estado de estar sujeto continuamente a la "condición" o al control de otros fenómenos o acontecimientos.

VOTOS PRATIMOKSHA: son los votos fundamentales de la conducta ética tomados por un practicante espiritual y un requisito preliminar por el que deben pasar las otras dos series de votos (bodhisatva y tántrico) tomados en las iniciaciones al yoga tantra superior.

BIBLIOGRAFÍA

Beer, Robert, The Enciclopedia of Tibetan Symbols and Motifs; Shambala, Boston, 1999.

Bodhi, Bikkhu, trad. *Connected Discourses of the Budha*. Wisdom Publications, Boston, 2000.

Carus, Paul, ed., *The Gospel of Budha*. RU: Alcove Press Ltd., 1974. Publicado primeramente en 1015 por The Open Court Publishing Company.

The Dhammapada, The Path to Perfection, traducido del pali por Juan mascaró; RU: Penguin Books Ltd, 1973.

Gyatso, Lobsang, *Las cuatro nobles verdades*. Nuevas Ediciones de Bolsillo, Barcelona, 2002.

Gyatso, Tenzin, el decimocuarto Dalai Lama, *Las cuatro nobles verdades*; Nuevas Ediciones de Bolsillo, Barcelona, 2002.

Gyatso, Tenzin, el decimocuarto Dalai Lama, Ancient Wisdom, Modern World: Ethics for the New Millennium. RU: Little, Brown and Co., 1999.

Holmes, Ken y Katia, *The Changeless Nature: A Translation of Maitreya's Uttaratranta*; RU: Karma Drudgyud Darjay Ling, 1985.

Rahula, Walpola, *Lo que Buda enseñó*; RBA Coleccionables, Barcelona, 2002.

Sumedho, Venerable Ajahn. *The Four Noble Truths*; RU: Amaravati Publications, 1992

Tsongkhapa, *Gran tratado de los estadios en el camino a la Iluminación* (Vol. 1-3); Ediciones Dharma, Novelda, 2003.

Tsongkhapa y Dhargyey, Gueshe Ngawang, *Lines of Experience*. Library of Tibetan Works and Archives, Dharmasala, India, 1973. (ver comentario a este texto en *Senda de Luz* de Gueshe Tamding Gyatso y publicado por Ediciones Amara)

Wangyal, Gueshe, *The Door of Liberation*; Wisdom Publications, Boston, 1973.

Cuerpo de Verdad, 143-148

D

Dalai Lama, 129, 150-152
    sobre el sufrimiento que lo impregna todo, 58
    sobre la ética, 46
    sobre la felicidad, 34
    sobre la ignorancia, 84-86
Deseo, 26, 66, 88
Dhammapada, 41-42
Dharma
    descrito, 184
    refugiarse en el, 35
    rueda del, 157-159
    y gratificación de los sentidos, 44
    y la verdad del sendero, 1502, 169
Dharmakaya, 143
Dhyani, Budas, 71, 184
Diez
    acciones no virtuosas, 112-115
    acciones virtuosas, 112-115
Dios, 85
Dukkha, 26-27. *Véase también* sufrimiento
    tres tipos de, 52-58
    uso del término, 52
    y la verdad del origen, 107
    y los cinco agregados, 70-71
    y sufrimiento constante, 67-68

E

Edad avanzada. *Véase* vejez
Efecto correcto, 153-156, 166-167
Emergencia definitiva, 147-149
Emociones aflictivas
    descritas, 86-88

K

T

V

FUNDAMENTOS DEL PENSAMIENTO BUDISTA

Los Fundamentos del Pensamiento Budista es un curso de dos años de duración de estudios budistas creado por Gueshe Tashi Tsering del Centro Budista Jamyang de Londres. El programa estudia la profundidad de la filosofía del budismo tibetano para ejemplificar cómo el budismo puede afectar verdaderamente el modo de vida que llevamos. *Los Fundamentos del Pensamiento Budista* son parte del estudio esencial de la Fundación para la Preservación de la Tradición Mahayana (FPMT). Este curso se puede realizar o bien asistiendo al centro o por correspondencia. Consta de los siguientes seis módulos de cuatro meses:

- Las Cuatro Nobles Verdades
- La Verdad Relativa, la Verdad Última
- Psicología Budista
- El Despertar de la Mente
- La Vacuidad
- El Tantra

Además de estar relacionado con cada libro, cada módulo incluye aproximadamente quince horas de enseñanzas de audio editadas de manera profesional en formato CD, MP3 o cintas de audio, extraídas del curso que Gueshe Tashi impartió en Londres entre 2001 y 2003. Este material de audio se utiliza juntamente con una serie de meditaciones guiadas que permiten explorar cada uno de los temas en profundidad. Cada estudiante también es parte de un grupo de estudio conducido por un tutor que plantea una serie de debates dos veces al mes, ayudando al estudiante a trasladar esos temas a la vida a través del diálogo activo con otros miembros del grupo. Los trabajos y los exámenes también son parte esencial del currículum. Esta mezcla de lectura, meditación, debate y escritos se asegura de que cada uno de los estudiantes obtendrá un entendimiento y un dominio de esos conceptos profundos e importantes.

Un aspecto vital del curso es el énfasis que pone Gueshe Tashi en el modo en el que esos temas afectan a nuestra vida diaria. Incluso un tema filosófico, como la verdad relativa y la verdad última, se estudia desde la perspectiva de las decisiones que tomamos a diario, y el modo en el que empezamos a desarrollar un método más realista de vivir de acuerdo con los principios del pensamiento budista.

"Realmente te cambia la vida. De repente, han encajado todas las piezas del rompecabezas que era el Dharma". *Un estudiante del curso.*

Para más información sobre *Los Fundamentos del Pensamiento Budista*, por favor, visite nuestra página web en www.foundationsofbuddhistthought.org.

Para más información sobre los programas de estudio del FPMT, por favor, visite www. fpmt.org.

Si desea patrocinar la publicación de un libro, por favor, escríbanos o envíenos un correo electrónico a la dirección que aparece arriba.

Muchas gracias

Wisdom es una organización sin ánimo de lucro y caritativa 501 (c) (3) afiliada a la Fundación para la Preservación de la Tradición Mahayana (FPMT).